工伤保险条例

案例注释版

中国法制出版社

CHINA LEGAL PUBLISHING HOUSE

出版说明

我国各级人民法院作出的生效裁判是审判实践的结晶，是法律适用在社会生活中真实、具体而生动的表现，是连接抽象法律与现实纠纷的桥梁。因此，了解和适用法律最好的办法，就是阅读、参考已发生并裁判生效的真实案例。从广大读者学法用法以及法官、律师等司法实务人员工作的实际需要出发，我们组织编写了这套"法律法规案例注释版"丛书。该丛书侧重"以案释法"，期冀通过案例注释法条的方法，将法律条文与真实判例相结合，帮助读者准确理解与适用法律条文，并领会法律制度的内在精神。

丛书最大的特点是：

一、专业性。丛书所编选案例的原始资料来源于各级人民法院已经审结并发生法律效力的判决，从阐释法律规定的需要出发，加工整理而成。对于重点法条，则从全国人大常委会法工委等立法部门对条文的专业解读中提炼条文注释。

二、全面性。全书以主体法为编写主线，并辅之以条文主旨、条文注释、实用问答、典型案例、相关规定等，囊括了该法条的理论阐释和疑难问题，帮助读者全面理解法律知识体系。

三、示范性。裁判案例是法院依法对特定主体之间在特定时间、地点发生的法律纠纷作出的裁判，其本身具有真实性、指导性和示范性的特点。丛书选择的案例紧扣法律条文规定，精选了最高人民法院、最高人民检察院公布的指导案例等典型案例，对于读者有很强的参考借鉴价值。

四、实用性。每本书通过实用问答模块，以问答的方式解答实务中的疑难问题，帮助读者更好地解决实际问题。丛书设置"相关案例索引"栏目，列举更多的相关案例，归纳出案件要点，以期通过相关的案例，进一步发现、领会和把握法律规则、原则，从而作为解决实际问题的参考，做到举一反三。

五、便捷性。本丛书采用大字排版、双色印刷，清晰疏朗，提升了读者的阅读体验。我们还在部分分册的主体法律文件之后收录重要配套法律文件，以及相应的法律流程图表、文书等内容，方便读者查找和使用。

希望本丛书能够成为广大读者学习、理解和运用法律的得力帮手！

适用提示

　　我国现在关于工伤的主要法律依据包括 2010 年 10 月 28 日公布并于 2018 年 12 月 29 日修正的《中华人民共和国社会保险法》和 2004 年 1 月 1 日起施行并经修订于 2011 年 1 月 1 日起施行的《工伤保险条例》，而后者是工伤保险方面的专门规定。

一、《工伤保险条例》的核心内容

　　1. 适用范围。依据《工伤保险条例》第 2 条规定，中华人民共和国境内的企业、事业单位、社会团体、民办非企业单位、基金会、律师事务所、会计师事务所等组织和有雇工的个体工商户（以下称用人单位）应当依照本条例规定参加工伤保险，为本单位全部职工或者雇工（以下称职工）缴纳工伤保险费。中华人民共和国境内的企业、事业单位、社会团体、民办非企业单位、基金会、律师事务所、会计师事务所等组织的职工和个体工商户的雇工，均有依照本条例的规定享受工伤保险待遇的权利。

　　2. 工伤范围的界定。发生工伤事故，劳动者取得工伤保险待遇及其他工伤赔偿的关键，就在于国家有权机关作出工伤认定结论。《工伤保险条例》第 14 条、第 15 条、第 16 条原则界定了工伤的范围。职工有下列情形之一的，应当认定为工伤：（1）在工作时间和工作场所内，因工作原因受到事故伤害的；（2）工作时间前后在工作场所内，从事与工作有关的预备性或者收尾性工作受到事故伤害的；（3）在工作时间和工作场所内，因履行工作职责受到暴力等意外伤害的；（4）患职业病的；（5）因工外出期间，由于工作原因受到伤害或者发生事故下落不明的；（6）在上下班途中，受到非本人主要责任的交通事故或者城市轨道交通、客运轮渡、火车事故伤害的；（7）法律、行政法规规定应当认定为工伤的其他情形。

职工有下列情形之一的，视同工伤：（1）在工作时间和工作岗位，突发疾病死亡或者在48小时之内经抢救无效死亡的；（2）在抢险救灾等维护国家利益、公共利益活动中受到伤害的；（3）职工原在军队服役，因战、因公负伤致残，已取得革命伤残军人证，到用人单位后旧伤复发的。

职工符合本条例第14条、第15条的规定，但是有下列情形之一的，不得认定为工伤或者视同工伤：（1）故意犯罪的；（2）醉酒或者吸毒的；（3）自残或者自杀的。

3. 工伤保险待遇。工伤保险待遇是指职工因工发生暂时或永久人身健康或生命损害的一种补救和补偿，其作用是使伤残者的医疗、生活有保障，使工亡者遗属的基本生活得到保障。工伤保险待遇包括：工伤医疗待遇、伤残待遇和死亡待遇。

二、《工伤认定办法》等相关规定

《工伤认定办法》就工伤认定的具体程序作出了规定。《因工死亡职工供养亲属范围规定》明确规定了因工死亡职工供养亲属的范围、享受抚恤金的条件、停止享受抚恤金的情形。《非法用工单位伤亡人员一次性赔偿办法》则对无营业执照或者未经依法登记、备案的单位以及被依法吊销营业执照或者撤销登记、备案的单位受到事故伤害或者患职业病的职工，或者用人单位使用童工造成的伤残、死亡童工的一次性赔偿作出了规定。

目　录

工伤保险条例

第一章　总　　则

第二章　工伤保险基金

第三章　工伤认定

第四章　劳动能力鉴定

第五章　工伤保险待遇

第六章 监 督 管 理

第七章 法 律 责 任

●典型案例

第八章　附　　则

●典型案例

附录一

工伤保险条例

(2003 年 4 月 27 日中华人民共和国国务院令第 375 号公布 根据 2010 年 12 月 20 日《国务院关于修改〈工伤保险条例〉的决定》修订)

目 录

第一章 总 则

第一条 立法目的[①]

　　为了保障因工作遭受事故伤害或者患职业病的职工获得医疗救治和经济补偿，促进工伤预防和职业康复，分散用人单位的工伤风险，制定本条例。

[①] 条文主旨为编者所加，下同。

工伤保险也称职业伤害保险，是指劳动者由于工作原因并在工作过程中遭受意外伤害，或因接触粉尘、放射线、有毒有害物质等职业危害因素引起职业病后，由国家或社会给负伤、致残者以及死亡者生前供养亲属提供必要的物质帮助的一项社会保险制度。

● **典型案例**

邹某贤诉广东省佛山市某区劳动和社会保障局工伤认定行政案（《最高人民法院发布工伤保险行政纠纷典型案例》）①

宏某豪纺织公司系经依法核准登记设立的企业法人，其住所位于被告广东省佛山市某区劳动和社会保障局（以下简称某区劳动和社会保障局）辖区内。邓某艳与宏某豪纺织公司存在事实劳动关系。2006年4月24日，邓某艳在宏某豪纺织公司擅自增设的经营场所内，操作机器时左手中指被机器压伤，经医院诊断为"左中指中节闭合性骨折、软组织挫伤、伸腱断裂"。7月28日邓某艳在不知情的情况下向被告申请工伤认定时，列"宏某豪纺织厂"为用人单位。被告以"宏某豪纺织厂"不具有用工主体资格、不能与劳动者形成劳动关系为由不予受理其工伤认定申请。邓某艳后通过民事诉讼途径最终确认与其存在事实劳动关系的用人单位是宏某豪纺织公司。2008年1月16日，邓某艳以宏某豪纺织公司为用人单位向被告申请工伤认定，被告于1月28日作出《工伤认定决定书》，认定邓某艳于2006年4月24日所受到的伤害为工伤。2008年3月24日，宏某豪纺织公司经工

---

① 《最高人民法院发布工伤保险行政纠纷典型案例》，载最高人民法院网站，http://gongbao. court. gov. cn/Details/1069b65ce7141b0c60142002361206. html? sw = % e5% b7% a5% e4% bc% a4% e4%bf%9d%e9%99%a9%e8%a1%8c%e6%94%bf%e7%ba%a0%e7%ba%b7，最后访问时间：2023年11月17日。

商行政管理部门核准注销。邹某贤作为原宏某豪纺织公司的法定代表人于 2009 年 3 月 10 日收到该《工伤认定决定书》后不服，向市劳动和社会保障局申请行政复议，复议机关维持该工伤认定决定。邹某贤仍不服，向佛山市禅城区人民法院提起行政诉讼。广东省佛山市禅城区人民法院判决维持被告作出的《工伤认定决定书》。宣判后，邹某贤不服，向广东省佛山市中级人民法院提起上诉。

法院经审理认为，因宏某豪纺织公司未经依法登记即擅自增设营业点从事经营活动，故 2006 年 7 月 28 日邓某艳在不知情的情况下向某区劳动和社会保障局申请工伤认定时，错列"宏某豪纺织厂"为用人单位并不存在主观过错。另外，邓某艳在某区劳动和社会保障局以"宏某豪纺织厂"不具有用工主体资格、不能与劳动者形成劳动关系为由不予受理其工伤认定申请并建议邓某艳通过民事诉讼途径解决后，才由生效民事判决最终确认与其存在事实劳动关系的用人单位是宏某豪纺织公司。故某区劳动和社会保障局 2008 年 1 月 16 日收到邓某艳以宏某豪纺织公司为用人单位的工伤认定申请后，从《工伤保险条例》切实保护劳动者合法权益的立法目的考量，认定邓某艳已在 1 年的法定申请时效内提出过工伤认定申请，是因存在不能归责于其本人的原因而导致其维护合法权益的时间被拖长，受理其申请并作出是工伤的认定决定，程序并无不当。被告根据其认定的事实，适用法规正确。依照行政诉讼法的规定，判决维持被告作出的《工伤认定决定书》。

第二条　适用范围

中华人民共和国境内的企业、事业单位、社会团体、民办非企业单位、基金会、律师事务所、会计师事务所等组织和有雇工的个体工商户（以下称用人单位）应当依照本条例规定参

3

加工伤保险，为本单位全部职工或者雇工（以下称职工）缴纳工伤保险费。

中华人民共和国境内的企业、事业单位、社会团体、民办非企业单位、基金会、律师事务所、会计师事务所等组织的职工和个体工商户的雇工，均有依照本条例的规定享受工伤保险待遇的权利。

● 条文注释

1. "企业"。包括在中国境内的所有形式的企业，按照所有制划分，有国有企业、集体所有制企业、私营企业、外资企业；按照所在地域划分，有城镇企业、乡镇企业、境外企业；按照企业的组织结构划分，有公司、合伙、个人独资企业等。在这里，有两点需要说明：一是工伤保险制度在国家之间不能互免。目前，通过多边或者双边协定，一些国家可以对养老保险、失业保险等问题进行互免，但工伤保险却不能互免，而是需要参加营业地所在国的工伤保险。这就意味着，来中国投资的外国企业需要参加中国的工伤保险，而到国外承包工程或者投资设厂的中国企业则需要参加当地的工伤保险。二是在用人单位实行承包经营时，工伤保险责任应当由职工劳动关系所在单位承担。

2. "事业单位"。事业单位是指依照《事业单位登记管理暂行条例》的有关规定在机构编制管理机关登记为事业单位，且没有改为由市场监督管理部门登记为企业的事业单位。但是，事业单位中具有公共事务管理职能的组织一般都有行政执法的职能，工作人员参照公务员法管理，在许多方面与公务员没有什么区别，因此，这类事业单位在工伤保险方面仍参照公务员的做法，不适用本条例，而由人力资源和社会保障部会同财政部制定具体办法；参照公务员法管理之外的事业单位，主要包括基础科研、教育、文化、卫生、广播电视等领域的单位，本条例明确规定这些单位的工作人员应当纳入工伤保险的适用范围。

3. "社会团体"。社会团体是指依照《社会团体登记管理条例》的规定，中国公民自愿组成，为了实现会员共同意愿，按照章程开展活动的非营利性社会组织。社会团体的名称类别主要有协会、学会、联合会、研究会、基金会、联谊会、促进会、商会等。社会团体的情况与事业单位基本类似。参照公务员法管理的社会团体及其工作人员实行与国家机关及其工作人员一样的工伤保险制度，具体办法由人力资源和社会保障部会同财政部规定，这部分社会团体包括两类：一是参加中国人民政治协商会议的8个人民团体；二是由国务院机构编制管理机关核定，并经国务院批准的团体；不参照公务员法管理的社会团体，则直接适用本条例。

4. "民办非企业单位"。民办非企业单位是一个较新的法律主体概念，是指依照《民办非企业单位登记管理暂行条例》的规定，由企业事业单位、社会团体和其他社会力量以及公民个人利用非国有资产举办的，从事非营利性社会服务活动的社会组织，比如：民办学校、民办医院等。从《民办非企业单位登记管理暂行条例》的定义可以看出，民办非企业单位具有以下几个特征：一是由企业事业单位、社会团体和其他社会力量以及公民个人举办，而不由政府或者政府部门举办。二是民办非企业单位利用非国有资产举办，这是民办非企业单位与事业单位的一个重要区别。三是民办非企业单位提供的服务非营利，这是与企业的重要区别。民办非企业单位的盈余与清算后的剩余财产只能用于社会公益事业，不得在成员中分配。四是民办非企业单位的社会服务领域很广，而且还在扩大。目前，民办非企业单位主要分布在教育、科研、文化、卫生、体育、新闻出版、交通、信息咨询、知识产权、法律服务、社会福利事业、经济监督等领域。

5."律师事务所"。根据《律师法》的规定，设立律师事务所应当具备四个基本条件：一是有自己的名称、住所和章程；二是有符合律师法规定的律师；三是设立人应当是具有一定的执业经历，且三年内未受过停止执业处罚的律师；四是有符合国务院司法行政部门规定数额的资产。律师事务所主要分为合伙、个人以及国家出资设立的律师事务所三类。

6."会计师事务所"。根据《注册会计师法》的规定，会计师事务所是依法设立并承办注册会计师业务的机构。会计师事务所主要分为两类：一类是由注册会计师设立的合伙单位；另一类是负有限责任的法人。

7."基金会"。根据《基金会管理条例》的规定，基金会是指利用自然人、法人或者其他组织捐赠的财产，以从事公益事业为目的的非营利性法人。基金会分为面向公众募捐的基金会和不得面向公众募捐的基金会。

8."个体工商户"。根据《促进个体工商户发展条例》规定，有经营能力的公民在中华人民共和国境内从事工商业经营的，可依法登记为个体工商户。

● *相关规定*

《社会保险法》第 33 条；《关于农民工参加工伤保险有关问题的通知》

第三条 保费征缴

工伤保险费的征缴按照《社会保险费征缴暂行条例》关于基本养老保险费、基本医疗保险费、失业保险费的征缴规定执行。

问：工伤保险费由谁缴纳？

答：用人单位应当按时缴纳工伤保险费。职工个人不缴纳工伤保险费。参加工伤保险虽然一部分是为了职工能够及时得到医疗救助和经济补偿，但主要还是为了化解用人单位工伤风险而设计的一种制度。

● **相关规定**

《社会保险法》第33条；《社会保险费征缴暂行条例》

第四条 **用人单位责任**

用人单位应当将参加工伤保险的有关情况在本单位内公示。

用人单位和职工应当遵守有关安全生产和职业病防治的法律法规，执行安全卫生规程和标准，预防工伤事故发生，避免和减少职业病危害。

职工发生工伤时，用人单位应当采取措施使工伤职工得到及时救治。

● **条文注释**

生产经营单位与从业人员订立的劳动合同，应当载明有关保障从业人员劳动安全、防止职业危害的事项，以及依法为从业人员办理工伤社会保险的事项。

生产经营单位不得以任何形式与从业人员订立协议，免除或者减轻其对从业人员因生产安全事故伤亡依法应承担的责任。

● **相关规定**

《安全生产法》第24~30条；《职业病防治法》第三章

国务院社会保险行政部门负责全国的工伤保险工作。

县级以上地方各级人民政府社会保险行政部门负责本行政区域内的工伤保险工作。

社会保险行政部门按照国务院有关规定设立的社会保险经办机构（以下称经办机构）具体承办工伤保险事务。

● **条文注释**

社会保险经办机构在工伤保险工作中履行下列具体职责：

1. 根据省、自治区、直辖市人民政府的规定，征收工伤保险费。按照《社会保险费征缴暂行条例》的规定，社会保险费的征缴既可以由社会保险经办机构负责，也可以由税务机关代为征收，具体由哪家负责，由省级人民政府确定。

2. 核查用人单位的工资总额和职工人数，办理工伤保险登记，并负责保存单位缴费和职工享受工伤保险待遇情况的记录。

3. 进行工伤保险的调查、统计，及时向人力资源和社会保障行政部门反馈，以便于掌握基金的收支平衡状况，适时调整单位的缴费费率。

4. 按照规定管理工伤保险基金，包括基金的收支、管理与运营，使基金保值增值。

5. 按照规定核定工伤保险待遇。工伤认定属行政行为，由人力资源和社会保障行政部门作出，劳动能力鉴定由鉴定委员会作出，实行两级鉴定终局制。经办机构要在工伤认定以及劳动能力鉴定结论作出之日起的 30 日内，核定工伤职工的工伤保险待遇。

6. 监督工伤医疗费用、康复费用、辅助器具费用使用情况。在平等协商的基础上，由经办机构与医疗机构、辅助器具配置机构签订服务协议，并按照协议对这些机构的服务质量、有关费用的使用情况进行监督。

7. 为工伤职工或者其亲属提供免费咨询服务。经办机构具体负责工伤保险待遇的核定，掌握着工伤保险方面的各种资料，由其提供咨询服务十分方便。

● **典型案例**

上海欧某服饰有限公司诉区人力资源和社会保障局工伤认定决定案（《最高人民法院公报》2022年第12期）

第三人周某系原告上海欧某服饰有限公司（以下简称欧某公司）职工，工作地点为某商场，工作时间为10时至19时。2019年6月25日，周某生育一女，休完产假后回单位工作。2019年12月6日13时30分左右，周某从工作地点开车回家。当日13时55分，案外人张某某驾驶苏AU××××重型特殊结构货车在沿龙铜线（337省道）22公里100米汤山街道老宁峰路路口与周某驾驶的汽车发生相撞，造成周某受伤。周某的伤情经诊断为：1. 创伤性脾破裂；2. 左肾挫伤；3. 低蛋白血症，周某受伤时处于哺乳期内。当日，交警大队出具《道路交通事故认定书》，认定张某某负事故全部责任，周某无责任。2020年7月15日，周某的委托代理人向被告区人力资源和社会保障局（以下简称区人社局）提交工伤认定申请，提出周某于2019年12月6日13时30分左右驾车回家哺乳途中因交通事故受伤，并提交了企业信息、个人参加社会保险情况、回复函、微信聊天记录、交通事故认定书、社区居民委员会出具的证明、路线图、出生医学证明、病历、出院记录、疾病诊断书、授权委托书等申请材料。区人社局于2020年7月27日受理该申请并向欧某公司邮寄工伤认定举证通知书。2020年8月12日，欧某公司作出《工伤认定举证答辩书》并提交劳动合同、员工手册等材料，提出周某并未向公司申请调增其休哺乳假的时间，其外出也未按照公司制度申请外出流程，不符合"上下班途中"的范围。2020 年 8 月 14 日，区人社局对周某进行调查询问。2020 年 8 月 20 日，区人社局作出涉案决定书，认定周某从单位回家给小孩哺乳途中，受到非本人主要责任的交通事故伤害而受伤，符合《工伤保险条例》第十四条第六项的规定，属于工伤认定范围，予以认定为工伤。后区人社局将涉案决定书分别向周某及欧某公司送达，欧某公司于 2020 年 8 月 27 日签收。

江苏省南京江北新区人民法院一审认为：《工伤保险条例》第五条第二款规定，县级以上地方各级人民政府社会保险行政部门负责本行政区域内的工伤保险工作。被告区人社局作为县级以上社会保险行政部门，具有负责本行政区域内工伤保险工作的法定职责。《工伤保险条例》第十四条第六项规定，职工有下列情形之一的，应当认定为工伤：……（六）在上下班途中，受到非本人主要责任的交通事故或者城市轨道交通、客运轮渡、火车事故伤害的。《最高人民法院关于审理工伤保险行政案件若干问题的规定》第六条规定，对社会保险行政部门认定下列情形为"上下班途中"的，人民法院应予支持：（一）在合理时间内往返于工作地与住所地、经常居住地、单位宿舍的合理路线的上下班途中；（二）在合理时间内往返于工作地与配偶、父母、子女居住地的合理路线的上下班途中；（三）从事属于日常工作生活所需要的活动，且在合理时间和合理路线的上下班途中；（四）在合理时间内其他合理路线的上下班途中。

本案中，第三人周某系原告欧某公司的员工，被告区人社局在受理周某的工伤认定申请后，经过调查并结合证据材料，认定周某从单位回家给小孩哺乳途中，受到非本人主要责任的交通事故伤害而受伤，属于因在上下班途中发生非本人主要责任的交通事故受伤的情形，区人社局据此作出涉案决定书，符合上述规定。《工伤保险条例》第十九条第二款规定，职工或者其近亲属认为是工伤，用人单位不认为是工伤的，由用人单位承担举证责任。《女职工劳动保护特别规定》第九条规定，对哺乳未满1周岁婴儿的女职工，用人单位不得延长劳动时间或者安排夜班劳动。用人单位应当在每天的劳动时间内为哺乳期女职工安排1小时哺乳时间；女职工生育多胞胎的，每多哺乳1个婴儿每天增加1小时哺乳时间。因此，女职工在哺乳期内，用人单位应当在每天的劳动时间内为其安排1小时的哺乳时间。本案中，周某于2019年6月25日生育一女，休完产假后回单位工作，周某工作时尚处在哺乳期内，欧某公司应当为周某安排1小时的哺乳时间，并及时与周某沟通协商哺乳时间的安排。周某在欧某公司未与其沟通明确哺乳时间的情形下，根据工作时间灵活安排其每日的哺乳时间，回家哺乳后再返回单位继续工作，往返途中发生的交通事故伤害应视为工伤认定的合理范畴，虽欧某公司提交的员工手册中载明哺乳假的休假时间及请假流程，但欧某公司不能证明其就员工手册向周某进行了告知，欧某公司也未提交证据证明其就哺乳时间相关事宜与周某进行过沟通协商，故欧某公司应承担不利的法律后果。因此，区人社局作出的涉案决定书认定事实清楚、适用法律正确，保护了女职工的特殊权益。区人社局在收到周某的工伤认定申请后，履行了受理、发送举证通知书等程序，在法定期限内作出涉案决定书并依法送达给相关当事人，区人社局作出行政行为的程序合法。

综上，原告欧某公司要求撤销涉案决定书缺乏事实和法律依据。江苏省南京江北新区人民法院依照《中华人民共和国行政诉讼法》第六条、第六十九条的规定，于2021年4月19日作出判决：驳回原告欧某公司的诉讼请求。

欧某公司不服一审判决，向江苏省南京市中级人民法院提起上诉。二审中，欧某公司撤回上诉。南京市中级人民法院于 2021 年 8 月 9 日作出裁定：准许上诉人欧某公司撤回上诉。

第六条　工伤保险政策、标准的制定

　　社会保险行政部门等部门制定工伤保险的政策、标准，应当征求工会组织、用人单位代表的意见。

第二章　工伤保险基金

第七条　工伤保险基金构成

　　工伤保险基金由用人单位缴纳的工伤保险费、工伤保险基金的利息和依法纳入工伤保险基金的其他资金构成。

● **条文注释**

　　工伤保险基金主要有以下特点：一是强制性。即工伤保险费是国家以法律规定的形式，向规定范围内的用人单位征收的一种社会保险费。具有缴费义务的单位必须按照法律的规定履行缴费义务，否则就是一种违法行为，用人单位要按照法律的规定承担相应的法律责任。二是共济性。即用人单位按规定缴纳工伤保险费后，不管该单位是否发生工伤，发生多大程度和范围的工伤，都应按照法律的规定由基金支付相应的工伤保险待遇。缴费单位不能因为没有发生工伤，未使用工伤保险基金，而要求返还缴纳的工伤保险费。社会保险经办机构也不应因单位发生的工伤多、支付的基金数额大，而要求该单位追加缴纳工伤保险费，只能在确定用人单位下一轮费率时适当考虑其工伤保

险基金支付情况。三是专用性。国家根据社会保险事业的需要，事先规定工伤保险费的缴费对象、缴费基数和费率的基本原则。在征收时，不因缴费义务人的具体情况而随意调整。在工伤保险基金的使用上，实行专款专用，任何人不得挪用。

● **相关规定**

《最高人民法院关于在审理和执行民事、经济纠纷案件时不得查封、冻结和扣划社会保险基金的通知》

第八条 **工伤保险费**

工伤保险费根据以支定收、收支平衡的原则，确定费率。

国家根据不同行业的工伤风险程度确定行业的差别费率，并根据工伤保险费使用、工伤发生率等情况在每个行业内确定若干费率档次。行业差别费率及行业内费率档次由国务院社会保险行政部门制定，报国务院批准后公布施行。

统筹地区经办机构根据用人单位工伤保险费使用、工伤发生率等情况，适用所属行业内相应的费率档次确定单位缴费费率。

● **相关规定**

《社会保险法》第 34 条

第九条 **行业差别费率及档次调整**

国务院社会保险行政部门应当定期了解全国各统筹地区工伤保险基金收支情况，及时提出调整行业差别费率及行业内费率档次的方案，报国务院批准后公布施行。

第十条 　缴费主体、缴费基数与费率

用人单位应当按时缴纳工伤保险费。职工个人不缴纳工伤保险费。

用人单位缴纳工伤保险费的数额为本单位职工工资总额乘以单位缴费费率之积。

对难以按照工资总额缴纳工伤保险费的行业，其缴纳工伤保险费的具体方式，由国务院社会保险行政部门规定。

● **实用问答**

问：什么是本单位职工工资总额？

答："本单位职工工资总额"，是指单位在一定时期内直接支付给本单位全部职工的劳动报酬总额，包括计时工资、计件工资、奖金、津贴和补贴、加班加点工资以及特殊情况下支付的工资。

● **相关规定**

《部分行业企业工伤保险费缴纳办法》

第十一条 　统筹层次、特殊行业异地统筹

工伤保险基金逐步实行省级统筹。

跨地区、生产流动性较大的行业，可以采取相对集中的方式异地参加统筹地区的工伤保险。具体办法由国务院社会保险行政部门会同有关行业的主管部门制定。

第十二条 　工伤保险基金和用途

工伤保险基金存入社会保障基金财政专户，用于本条例规定的工伤保险待遇，劳动能力鉴定，工伤预防的宣传、培训等费用，以及法律、法规规定的用于工伤保险的其他费用的支付。

工伤预防费用的提取比例、使用和管理的具体办法，由国务院社会保险行政部门会同国务院财政、卫生行政、安全生产监督管理等部门规定。

　　任何单位或者个人不得将工伤保险基金用于投资运营、兴建或者改建办公场所、发放奖金，或者挪作其他用途。

● **条文注释**

　　工伤保险待遇主要包括医疗康复待遇、伤残待遇和死亡待遇。医疗康复待遇包括诊疗费、药费、住院费用以及在规定的治疗期内的工资待遇。

● **实用问答**

　　1. 问：什么是劳动能力鉴定费？

　　答：劳动能力鉴定费是指劳动能力鉴定委员会支付给参加劳动能力鉴定的医疗卫生专家的费用。如果劳动能力鉴定是由劳动能力鉴定委员会委托具备资格的医疗机构协助进行的，劳动能力鉴定费也包括支付给相关医疗机构的诊断费用。

　　2. 问：什么是工伤预防费？

　　答：工伤预防费主要用于工伤事故和职业病预防的宣传、教育与培训；安全生产奖励；对高危行业参保企业作业环境的检测和对从事职业危害作业的职工（主要是农民工）进行职业健康检查的补助；对用人单位工伤风险程度的评估等。

　　3. 问：什么是法律、法规规定的用于工伤保险的其他费用？

　　答：本条例虽明确列举了工伤保险基金的具体支出项目，但其不可能穷尽所有应该由基金支出的项目。为了给基金合法支出留有一定空间，同时，为了避免滥用基金情况的发生，本条例规定，只有全国人大及其常委会制定的法律、国务院制定的行政法规和省级人大制定的地方性法规才能规定工伤保险基金的支出项目。

● **典型案例**

吴江市佳某纺织有限公司诉周某坤工伤保险待遇纠纷案（《最高人民法院公报》2021年第6期）

2019年4月19日，被告周某坤向仲裁委申请仲裁，请求原告吴江市佳某纺织有限公司（以下简称佳某公司）支付其一次性伤残补助金30571.8元、一次性医疗补助金30000元、一次性就业补助金15000元、医药费239.4元、停工留薪期工资7028元。在2019年5月14日的仲裁庭审中，周某坤当庭增加诉讼请求，要求从申请仲裁之日起与佳某公司解除劳动关系。2019年5月21日，仲裁委裁决周某坤与佳某公司的劳动关系于2019年4月19日解除，佳某公司支付周某坤一次性伤残就业补助金15000元、停工留薪期工资7028元，共计22028元，驳回周某坤的其他仲裁请求。佳某公司在法定期间内向一审法院起诉。

被告周某坤于2015年10月至原告佳某公司工作，佳某公司为周某坤缴纳了社会保险。2018年7月9日，周某坤在下班途中驾驶普通二轮摩托车与驾驶电动自行车的张某妹发生碰撞，导致两车受损、周某坤与张某妹受伤。2018年7月10日，交通警察大队就本起事故作出认定书，认定张某妹负主要责任，周某坤负次要责任。周某坤的伤情经医院于2018年7月9日诊断为头面部外伤、多处挫伤。周某坤于2018年7月10日至7月16日在医院住院治疗。后周某坤又两次至该院接受门诊治疗，并支付医疗费239.4元。2018年7月16日、7月30日、8月14日，医院分别为周某坤开具了"休息二周""休息二周""休息一周"的病假证明。

2018 年 7 月 31 日，经交警部门调解，被告周某坤与张某妹达成协议：张某妹的医药费 600 元、误工费 1900 元，由周某坤承担；周某坤的医药费 8000 元，由张某妹承担 4800 元，周某坤承担 3200 元，另张某妹赔偿周某坤误工费、营养费等合计 3800 元。

2018 年 10 月 30 日，人力资源和社会保障局作出认定工伤决定书，认定周某坤受到的伤害属于工伤。2019 年 2 月 20 日，劳动能力鉴定委员会作出劳动能力鉴定结论通知，核准周某坤的伤残等级符合十级伤残。

苏州市吴江区人民法院一审认为：《工伤保险条例》实施后，职工因工作遭受事故受伤，经认定为工伤，理应按照《工伤保险条例》的规定享受相应的工伤保险待遇。被告周某坤于 2019 年 5 月 14 日的仲裁庭审中，要求解除与原告佳某公司的劳动关系，故双方的劳动关系于 2019 年 5 月 14 日解除。因佳某公司已为周某坤缴纳了社会保险，故相关的工伤保险待遇项目分别由工伤保险基金和佳某公司向周某坤赔偿，其中医疗费、一次性伤残补助金、一次性工伤医疗补助金应由工伤保险基金支付。

关于被告周某坤主张的一次性伤残就业补助金，一审法院认为，根据《工伤保险条例》第三十七条的规定，周某坤被鉴定为十级伤残，周某坤提出与原告佳某公司解除劳动关系，佳某公司应支付周某坤一次性伤残就业补助金 15000 元。另根据法律规定，职工因工作遭受事故伤害需要暂停工作接受工伤医疗的，在停工留薪期间内，原工资福利待遇不变，由所在单位按月支付，停工留薪期工资应当凭伤者就诊的签订服务协议的医疗机构出具的休假证明确定。停工留薪期工资与误工费系基于不同的法律关系而产生，伤者可以兼得，故对佳某公司的相关主张，一审法院不予采信。在周某坤受伤后，医疗机构共计为周某坤开具了休息 35 天的休假证明，故一审法院认定停工留薪期为 35 天；关于停工留薪期的工资标准，因双方均未提交证据证明周某坤的工资标准，仲裁裁决认定佳某公司应提交考勤、工资计算标准等材料予以核算，但佳某公司未提交，应承担不利后果，并认为周某坤受伤前的工资每月为 8000 元，属于合理范围，据此认定停工留薪期工资为 7028 元在法定范围内，一审法院认为，仲裁裁决并无不当，一审法院予以支持。苏州市吴江区人民法院判决：1. 佳某公司与周某坤之间的劳动关系于 2019 年 5 月 14 日解除。2. 佳某公司于判决生效之日起十日内支付周某坤停工留薪期工资 7028 元、一次性伤残就业补助金 15000 元，共计 22028 元。3. 佳某公司无需支付周某坤医疗费、一次性伤残补助金、一次性工伤医疗补助金。

一审宣判后，佳某公司不服一审判决，向江苏省苏州市中级人民法院提起上诉。江苏省苏州市中级人民法院经二审，确认了一审查明的事实。

江苏省苏州市中级人民法院二审认为：职工因工作遭受事故伤害进行治疗，享受工伤医疗待遇。本案中，被上诉人周某坤遭受工伤，应享受相应工伤待遇。因佳某公司已为周某坤缴纳了社保，故周某坤可享有的一次性伤残补助金和一次性工伤医疗补助金应由工伤保险基金支付。

关于一次性伤残就业补助金。被上诉人周某坤构成十级伤残，上诉人佳某公司应当支付周某坤一次性伤残就业补助金 15000 元。关于停工留薪期工资。周某坤因工伤休息 35 天，应视同其正常提供劳动而享有工资，一审酌定佳某公司支付周某坤停工留薪期工资为 7028 元并无不当。关于佳某公司认为周某坤系因第三人侵权构成工伤，其已经获得误工费赔偿，故不能同时享有停工留薪期工资。法院认为，一方面，现行法律并未禁止工伤职工同时享受工伤保险待遇和人身损害赔偿；另一方面，工伤保险待遇与民事侵权赔偿二者性质不同，前者属公法领域，基于社保法律关系发生，后者属私法领域，基于民事法律关系发生，不宜径行替代。故江苏省苏州市中级人民法院判决驳回上诉，维持原判。

第十三条 **工伤保险储备金**

工伤保险基金应当留有一定比例的储备金，用于统筹地区重大事故的工伤保险待遇支付；储备金不足支付的，由统筹地区的人民政府垫付。储备金占基金总额的具体比例和储备金的使用办法，由省、自治区、直辖市人民政府规定。

第三章 工伤认定

第十四条 **应当认定工伤的情形**

职工有下列情形之一的，应当认定为工伤：

（一）在工作时间和工作场所内，因工作原因受到事故伤害的；

（二）工作时间前后在工作场所内，从事与工作有关的预备性或者收尾性工作受到事故伤害的；

（三）在工作时间和工作场所内，因履行工作职责受到暴力等意外伤害的；

（四）患职业病的；

（五）因工外出期间，由于工作原因受到伤害或者发生事故下落不明的；

（六）在上下班途中，受到非本人主要责任的交通事故或者城市轨道交通、客运轮渡、火车事故伤害的；

（七）法律、行政法规规定应当认定为工伤的其他情形。

● 实用问答

1. 问：如何理解"因工外出期间"？

答：（1）职工受用人单位指派或者因工作需要在工作场所以外从事与工作职责有关的活动期间；

（2）职工受用人单位指派外出学习或者开会期间；

（3）职工因工作需要的其他外出活动期间。

职工因工外出期间从事与工作或者受用人单位指派外出学习、开会无关的个人活动受到伤害，社会保险行政部门不认定为工伤的，人民法院应予支持。

2. 问：如何理解"上下班途中"？

答：（1）在合理时间内往返于工作地与住所地、经常居住地、单位宿舍的合理路线的上下班途中；

（2）在合理时间内往返于工作地与配偶、父母、子女居住地的合理路线的上下班途中；

（3）从事属于日常工作生活所需要的活动，且在合理时间和合理路线的上下班途中；

（4）在合理时间内其他合理路线的上下班途中。

● 典型案例

1. 孙某兴诉园区劳动局工伤认定案（最高人民法院指导案例40号）

孙某兴系中某公司员工，2003年6月10日上午受中某公司负责人指派去北京机场接人。其从中某公司所在地商业中心八楼下楼，欲到商业中心院内停放的红旗轿车处去开车，当行至一楼门口台阶处时，孙某兴脚下一滑，从四层台阶处摔倒在地面上，造成四肢不能活动。经医院诊断为颈髓过伸位损伤合并颈部神经根牵拉伤、上唇挫裂伤、左手臂擦伤、左腿皮擦伤。孙某兴向园区劳动局提出工伤认定申请，园区劳动局于2004年3月5日作出（2004）0001号《工伤认定决定书》，认为根据受伤职工本人的工伤申请和医疗诊断证明书，结合有关调查材料，依据《工伤保险条例》第十四条第五项的工伤认定标准，没有证据表明孙某兴的摔伤事故系由工作原因造成，决定不认定孙某兴摔伤事故为工伤事故。孙某兴不服园区劳动局作出的《工伤认定决定书》，向天津市第一中级人民法院提起行政诉讼。

天津市第一中级人民法院于2005年3月23日作出（2005）一中行初字第39号行政判决：1. 撤销园区劳动局所作（2004）0001号《工伤认定决定书》；2. 限园区劳动局在判决生效后60日内重新作出具体行政行为。园区劳动局提起上诉，天津市高级人民法院于2005年7月11日作出（2005）津高行终字第0034号行政判决：驳回上诉，维持原判。

法院生效裁判认为：各方当事人对园区劳动局依法具有本案行政执法主体资格和法定职权，其作出被诉工伤认定决定符合法定程序，以及孙某兴是在工作时间内摔伤，均无异议。本案争议焦点包括：一是孙某兴摔伤地点是否属于其"工作场所"？二是孙某兴是否"因工作原因"摔伤？三是孙某兴工作过程中不够谨慎的过失是否影响工伤认定？

一、关于孙某兴摔伤地点是否属于其"工作场所"问题

《工伤保险条例》第十四条第一项规定，职工在工作时间和工作场所内，因工作原因受到事故伤害，应当认定为工伤。该规定中的"工作场所"，是指与职工工作职责相关的场所，在有多个工作场所的

情形下，还应包括职工来往于多个工作场所之间的合理区域。本案中，位于商业中心八楼的中某公司办公室，是孙某兴的工作场所，而其完成去机场接人的工作任务需驾驶的汽车停车处，是孙某兴的另一处工作场所。汽车停在商业中心一楼的门外，孙某兴要完成开车任务，必须从商业中心八楼下到一楼门外停车处，故从商业中心八楼到停车处是孙某兴来往于两个工作场所之间的合理区域，也应当认定为孙某兴的工作场所。园区劳动局认为孙某兴摔伤地点不属于其工作场所，系将完成工作任务的合理路线排除在工作场所之外，既不符合立法本意，也有悖于生活常识。

二、关于孙某兴是否"因工作原因"摔伤的问题

《工伤保险条例》第十四条第一项规定的"因工作原因"，指职工受伤与其从事本职工作之间存在关联关系，即职工受伤与其从事本职工作存在一定关联。孙某兴为完成开车接人的工作任务，必须从商业中心八楼的中某公司办公室下到一楼进入汽车驾驶室，该行为与其工作任务密切相关，是孙某兴为完成工作任务客观上必须进行的行为，不属于超出其工作职责范围的其他不相关的个人行为。因此，孙某兴在一楼门口台阶处摔伤，系为完成工作任务所致。园区劳动局主张孙某兴在下楼过程中摔伤，与其开车任务没有直接的因果关系，不符合"因工作原因"致伤，缺乏事实根据。另外，孙某兴接受本单位领导指派的开车接人任务后，从中某公司所在商业中心八楼下到一楼，在前往院内汽车停放处的途中摔倒，孙某兴当时尚未离开公司所在院内，不属于"因公外出"的情形，而是属于在工作时间和工作场所内。

三、关于孙某兴工作中不够谨慎的过失是否影响工伤认定的问题

《工伤保险条例》第十六条规定了排除工伤认定的三种法定情形，

即因故意犯罪、醉酒或者吸毒、自残或者自杀的，不得认定为工伤或者视同工伤。职工从事工作中存在过失，不属于上述排除工伤认定的法定情形，不能阻却职工受伤与其从事本职工作之间的关联关系。工伤事故中，受伤职工有时具有疏忽大意、精力不集中等过失行为，工伤保险正是分担事故风险、提供劳动保障的重要制度。如果将职工个人主观上的过失作为认定工伤的排除条件，违反工伤保险"无过失补偿"的基本原则，不符合《工伤保险条例》保障劳动者合法权益的立法目的。据此，即使孙某兴在工作中行走时确实有失谨慎，也不影响其摔伤系"因工作原因"的认定结论。园区劳动局以导致孙某兴摔伤的原因不是雨、雪天气使台阶地滑，而是因为孙某兴自己精力不集中导致为由，主张孙某兴不属于"因工作原因"摔伤而不予认定工伤，缺乏法律依据。

综上，园区劳动局作出的不予认定孙某兴为工伤的决定，缺乏事实根据，适用法律错误，依法应予撤销。

2. 王某国诉某区人力资源和社会保障局工伤认定及某市人力资源和社会保障局行政复议案（《最高人民法院公报》2022 年第 5 期）

第三人甲公司是依法成立的有限责任公司，经营地位于重庆万州区。原告王某国系该公司员工，任副总经理职务，分管质量部，其家庭住址位于重庆市江北区，工作日期间其居住于第三人提供的位于万州区的单位宿舍。第三人为其配备了渝 A2××××号小型客车。2018 年 4 月 5 日至 7 日为清明节法定节假日，第三人下发连续放假三天的通知，告知 2018 年 4 月 8 日正常打卡上下班，并安排冉某某、唐某某、程某分别为假期值班领导。2018 年 4 月 7 日 18 时许，由第三人员工陈某某驾驶渝 A2××××号小型客车搭乘原告及第三人员工刘某从重庆市江北区原告家中出发，共同返回第三人所在的万州区。19 时 55 分许，当车辆行驶至沪渝高速公路出城方向 1672 千米处时追尾撞击前方由刘某某驾驶的渝 GF××××号小型客车，致使原告受伤及两车不同程度受损。后经甲医院、乙医院治疗，原告被诊断为颈椎间盘突出症（C5/6、C6/7）、颈椎间盘突出（C3/4、C4/5）。2018 年 4 月 10 日，交警大队作出《道路交通事故认定书》，认定此次道路交通事故由陈某某承担全部责任。

2018 年 4 月 28 日，第三人甲公司就原告王某国此次受伤事宜向被告某区人力资源和社会保障局（以下简称某区人社局）申请工伤认定，并提交了工伤认定申请表、事故伤害报告表、王某国身份材料、营业执照、劳动合同书、病历材料、证人证言、道路交通事故认定书、照片等材料，后又补充《关于对渝万往返乘车安排的通知》《关于 2018 年"清明节"放假有关安排的通知》两份材料。在第三人《关于对渝万往返乘车安排的通知》第三条乘车规定的第八项载明：返万时间原则上为假期最后一日，但因工作需要需提前返回的必须提前告知行政管理部和人力资源部，登记时间、原因等信息，如未进行登记的，除按《考勤管理办法》相关规定给予考核外，往返的交通费用不予报销。某区人社局于 2018 年 5 月 16 日受理该工伤认定申请，并于同月 18 日送达第三人。某区人社局审查认为，2018 年 4 月 7 日是清明节假期，不是工作日，而第三人《关于对渝万往返乘车安排的通知》主要是规范渝万往返员工的乘车安排及费用报销问题，对"返万时间原则上为假期最后一日"的表述，并不是要求员工于假期最后一日上班，而是提醒员工第二天按时上班，故原告于 2018 年 4 月 7 日前往万州的目的是休息，而不是上班，不属于《工伤保险条例》第十四条第（六）项规定的上班途中。2018 年 7 月 4 日，某区人社局作出《不予认定工伤决定书》，认为原告此次受伤情形不符合《工伤保险条例》第十四条第（六）项认定工伤的规定，决定不予认定为工伤。同月 26 日，某区人社局将上述文书送达原告和第三人。原告不服，向被告某市人力资源和社会保障局（以下简称某市人社局）申请行政复议。某市人社局于 2018 年 9 月 21 日受理，并告知某区人社局答辩。后某区人社局向某市人社局提交了《行政复议答复书》和证据材料。某市人社局经审查于 2018 年 11 月 6 日作出《行政复议决定书》，认为 2018 年 4 月 7 日为国家法定节假日，第三人单位处于放假状态，并未上班，且无证据证明王某国返回万州是为了参加当天的公司级会议，王某国的受伤情形不符合《工伤保险条例》第十四条第（六）项认定工伤的规定，故决定维持某区人社局作出的《不予认定工伤决定书》。同月 16 日，某市人社局向原告和第三人寄送了《行政复议决定书》。

原告王某国收到后不服，认为原告家住重庆市江北区，距离第三人甲公司经营地和职工宿舍约 280 公里，原告惯常往返居住地和工作地的方式是乘坐第三人配备的渝 A2××××号小型客车，并在假期最后一日返回工作地，结合原告家庭与公司的距离、惯常往返两地的方式和时间、公司上下班时间安排等情况，原告于假期最后一日返回万州是为及时、正常开展工作，符合公司要求和常理，且原告分管的质量部在 2018 年 4 月 7 日正常开工，原告具有对当日工作开展情况进行检查监督的职责，故原告返回万州的目的是上班，符合《工伤保险条例》第十四条第（六）项认定工伤的规定。综上，原告提起本诉，请求撤销被告某区人社局作出的《不予认定工伤决定书》和被告某市人社局作出的《行政复议决定书》。

重庆市渝北区人民法院一审认为：《工伤保险条例》第五条第二款规定，县级以上地方各级人民政府社会保险行政部门负责本行政区域内的工伤保险工作。故被告某区人社局具有作出本案工伤认定决定的法定职责。被告某市人社局作为被告某区人社局的上一级主管部门，具有作出本案行政复议决定的法定职责。

《工伤保险条例》第十四条第（六）项规定，职工在上下班途中，受到非本人主要责任的交通事故或者城市轨道交通、客运轮渡、火车事故伤害的，应当认定为工伤；《最高人民法院关于审理工伤保险行政案件若干问题的规定》第六条第（一）项、第（三）项规定，在合理时间内往返于工作地与住所地、经常居住地、单位宿舍的合理路线的上下班途中或者从事属于日常工作生活所需要的活动，且在合理时间和合理路线的上下班途中，社会保险行政部门认定为"上下班途中"的，人民法院应予支持。

根据本案查明的事实，各方对原告王某国与第三人甲公司存在劳动关系、原告在从家中出发前往万州的路途上发生交通事故受伤，且本人无责任等事实无异议。本案的争议问题是：原告于 2018 年 4 月 7 日 18 时左右返回万州是否属于上班途中。

首先，原告王某国主张其分管的质量部于 2018 年 4 月 7 日已开工，其须对当日工作开展情况进行检查监督，故其返回万州是为当日履行岗位职责，但其提供的证据不足以证明该主张，且在工伤认定阶段其亦未提出该主张，故法院不予采纳。那么，对于原告王某国主张其于 2018 年 4 月 7 日 18 时左右返回万州是为第二天上班做准备，应属于"上下班途中"的问题。法院认为，对"上下班途中"的判断标准，需考量职工行程的意图是否为"上下班"及其在"上下班"意图之下实施了出行行为，同时兼顾考虑职工的出行时间是否属于"合理时间"，出行路线是否属于"合理路线"。

具体到本案，第三人甲公司关于清明节的放假通知中载明了 2018 年 4 月 8 日职工应正常打卡上下班，第三人亦要求职工返万时间原则上为假期最后一日，结合原告王某国家庭住址距离万州工作地约280公里及原告惯常节假日最后一日返回万州上班等因素，表明原告2018年4月7日返回万州是为次日上班，其出行意图明确。由于出行路途较远、驾车亦需花费三至四小时时间这一情况，为避免迟到和为次日正常开展工作做好充分准备，原告于前一日18时左右返回工作地符合常理常情，也符合公司要求。如认为职工必须在工作日出行才属于"上下班途中"，而不考虑职工出行的意图和合理因素，则可能不利于保护如原告这类职工在《工伤保险条例》之下的合法权利。《工伤保险条例》本属于社会法范畴，其立法宗旨是为分担用工主体的用工风险和保障职工合法权利，在运用该条例考量具体案情时，普遍倾向作有利于职工权利的理解。故结合本案实际情况，考虑原告出行意图、路程、所需时间及原告公司考勤要求和原告在该要求下惯常通勤模式等因素，认定原告在2018年4月7日18时左右从家中出发返回工作地万州，其行程和时间符合上班途中"合理时间"和"合理路线"的要求为宜。因此，原告在该行程中受到非本人主要责任的交通事故伤害，应属于工伤。被告某区人社局未考虑原告行程的合理性因素，认定原告受伤情形不符合《工伤保险条例》第十四条第（六）项的规定，而作出《不予认定工伤决定书》，不予认定原告受伤属于工伤，系适用法律错误，依法应予撤销。被告某市人社局作出《行政复议决定书》，维持被告某区人社局的《不予认定工伤决定书》，亦属适用法律错误，应一并予以撤销。

据此，重庆市渝北区人民法院依照《中华人民共和国行政诉讼法》第七十条第（二）项、第七十九条；《最高人民法院关于适用〈中华人民共和国行政诉讼法〉的解释》第一百三十六条第一款、第三款之规定，于2019年4月30日作出判决：1. 撤销被告某区人社局于 2018 年 7 月 4 日作出的《不予认定工伤决定书》；2. 撤销被告某市人社局于 2018 年 11 月 6 日作出的《行政复议决定书》；3. 责令被告某区人社局于本判决生效之日起 60 日内重新作出行政行为。

某区人社局不服一审判决，向重庆市第一中级人民法院提起上诉。重庆市第一中级人民法院经二审，确认了一审查明的事实。

重庆市第一中级人民法院二审认为：上诉人某区人社局作为该辖区的社会保险行政主管部门，具有作出《不予认定工伤决定书》的法定职责，其受理一审第三人甲公司提出的工伤认定申请符合《工伤保险条例》的规定；一审被告某市人社局作为某区人社局的上级主管部门，受理被上诉人王某国提出的行政复议申请并作出《行政复议决定书》，符合行政复议法的规定。

本案争议焦点是：被上诉人王某国遭遇交通事故时是否属于上班的合理时间即是否符合"上下班途中"。《工伤保险条例》第十四条规定："职工有下列情形之一的，应当认定为工伤……（六）在上下班途中，受到非本人主要责任的交通事故或者城市轨道交通、客运轮渡、火车事故伤害的；……"同时，《最高人民法院关于审理工伤保险行政案件若干问题的规定》第六条第一项、第三项规定，在合理时间内往返于工作地与住所地、经常居住地、单位宿舍的合理路线的上下班途中或者从事属于日常工作生活所需要的活动，且在合理时间和合理路线的上下班途中，社会保险行政部门认定为"上下班途中"的，法院应予支持。本案中，根据上诉人某区人社局举示的《劳动合同》、工伤认定调查笔录、《道路交通事故认定书》等证据，结合庭审笔录中各方当事人的陈述，能够认定被上诉人王某国在一审第三人甲公司工作，2018 年 4 月 7 日 18 时许，乘坐公司为其配备的渝 A2×× ××号小型客车，从居住地重庆市江北区出发前往公司所在地万州区，

19 时 55 分许车辆行驶至沪渝高速公路出城方向 1672 千米处与前车发生追尾交通事故致其受伤，王某国在此次交通事故中不承担事故责任的事实。上述证据相互印证，可以证明王某国是为了 4 月 8 日能准时上班而提前于 4 月 7 日 16 时许从距离万州 280 余公里的家中出发前往公司。虽然事发当日不是上班时间（"清明"小长假的最后一天），但因王某国属于异地工作，居家与工作地相距较远，放假回家后提前一天返回职工宿舍，既符合其平时的惯常往返方式也符合常理，同时亦符合公司《关于对渝万往返乘车安排的通知》第三条 "乘车规定：（8）返万时间原则上为假期最后一日，……"的规定。王某国发生事故时是 4 月 7 日 19 时 50 分，已经是晚上，故其提前返回公司的时间处于合理范围内，并未过分提前超出必要限度。如果苛求王某国必须于 4 月 8 日当天工作日上班出行，才构成《工伤保险条例》"上下班途中"的要求，那么王某国须于当日凌晨 3 时左右就要出发前往万州才能按时到达工作岗位，显然既不符合人体生理条件也不符合常理，更不利于对异地工作劳动者的保护。因此，王某国事发当日提前返回公司宿舍休息，也是为了第二天能够正常上班不耽误，符合以"上下班为目的"基本条件，具有正当性和合理性，应当认定其发生交通事故时处于上班的合理时间。因此，王某国受伤符合《工伤保险条例》第十四条第（六）项及《最高人民法院关于审理工伤保险行政案件若干问题的规定》第六条第（一）项、第（三）项之规定，应当认定为工伤。上诉人作出的《不予认定工伤决定书》认定事实清楚，但适用法律错误，依法应予撤销。同理，一审被告某市人社局作出的《行政复议决定书》亦属适用法律错误，同样应予撤销。上诉人认为王某国不是正常上班时间而受伤不应认定工伤的理由不能成立，法院不予支持。某区人社局作出的《不予认定工伤决定书》以及某市人社局作出的《行政复议决定书》适用法律错误，一审予以撤销并无不当。上诉人的上诉理由及上诉请求均不能成立，依法不予支持。据此，重庆市第一中级人民法院判决驳回上诉，维持原判。

3. 北京奥某清洁服务有限公司上海分公司诉上海市某区人力资源和社会保障局工伤认定案（《最高人民法院公报》2020年第1期）

上海铁路运输法院一审查明贾某元的妻子汪某云在原告北京奥某清洁服务有限公司上海分公司（以下简称奥某公司）担任保洁员一职，工作时间为7时至19时。2017年6月16日6时13分许，汪某云驾驶悬挂牌号为（上海）338××××的电动自行车，沿北翟路由西向东行驶至申虹路路口，遇吴某驾驶重型特殊结构货车向南右转弯，大货车车头右前角与电动自行车左后侧相撞，汪某云倒地当场死亡。经道路交通事故认定，汪某云与吴某承担事故的同等责任。2018年5月31日，汪某云的丈夫贾某元向被告上海市某区人力资源和社会保障局（以下简称某区人社局）提出工伤认定申请，同年6月5日，某区人社局受理申请并向奥某公司及贾某元送达受理决定书。某区人社局在对汪某云事故情况进行调查后，于2018年8月1日作出长宁人社认（2018）字第411号认定工伤决定书，认定：2017年6月16日6时13分许，汪某云骑电瓶车上班途中，经闵行区北翟路申虹路路口处，遭遇非本人主要责任交通事故死亡。汪某云受到的事故伤害，符合《工伤保险条例》第十四条第（六）项、《上海市工伤保险实施办法》第十四条第（六）项之规定，属于工伤认定范围，现予以认定为工伤。并分别送达奥某公司及贾某元。

上海铁路运输法院一审认为：被告某区人社局具有作出被诉工伤认定的职权，某区人社局作出的工伤认定事实清楚、程序合法、适用法律正确。案件的争议在于，汪某云向原告奥某公司提交的"自动放弃缴纳社保声明"能否构成奥某公司主张应不予认定工伤的理由。缴纳社会保险费是法律明确规定的用人单位的义务，不可由员工或者用人单位自由处分，且是否缴纳社保与被诉工伤认定并无关联，故对奥某公司的主张不予采信。据此，上海铁路运输法院判决驳回原告奥某公司的诉讼请求。

一审判决后，奥某公司不服，向上海市第三中级人民法院提起上诉。上海市第三中级人民法院经二审，确认了一审查明的事实。

上海市第三中级人民法院二审认为：上诉人奥某公司及原审第三人贾某元对被上诉人某区人社局的职权依据、执法程序没有异议，被上诉人及原审第三人对汪某云与上诉人的劳动关系亦无争议。本案的争议焦点是汪某云在入职后向上诉人提交的"自动放弃缴纳社保声明"能否构成不予认定工伤的理由。根据《中华人民共和国社会保险法》的相关规定，职工应当参加工伤保险，由用人单位缴纳工伤保险费。这是保障公民在工伤情况下，依法从国家和社会获得物质帮助的权利，也是法律明确规定的用人单位的义务，并不是由职工和用人单位自由协商处分的权利。而且是否缴纳社会保险费与认定工伤并无直接关联，社会保险行政部门受理工伤申请以及认定工伤并不以伤（亡）者是否缴纳社会保险费为依据。故对上诉人主张的汪某云放弃缴纳社保不予认定工伤的理由不予采信。另上诉人认为汪某云发生交通事故应负主要事故责任，也无证据证实。故被上诉人认定汪某云符合《工伤保险条例》第十四条第（六）项、《上海市工伤保险实施办法》第十四条第（六）项之规定，属于工伤认定范围，所作工伤认定事实清楚、适用法律正确，并无不当。上海市第三中级人民法院判决驳回上诉，维持原判。

4. 何某祥诉市劳动和社会保障局工伤认定行政案（《最高人民法院发布工伤保险行政纠纷典型案例》）[①]

原告何某祥系原北沟镇甲小学教师，2006年12月22日上午，原告被甲小学安排到新沂乙小学听课，中午在新沂市区就餐。因甲小学及原告居住地到乙小学无直达公交车，原告采取骑摩托车、坐公交车、步行相结合方式往返。15时40分左右，甲小学邢某民、何某强、周某宇等开车经过石涧村大陈庄水泥路时，发现何某祥骑摩托车摔倒在距离甲小学约二三百米的水泥路旁，随即送往医院抢救治疗。12月27日，原告所在单位就何某祥的此次伤害事故向被告市劳动和社会保障局提出工伤认定申请，后因故撤回。2007年6月，原告就此次事故伤害直接向被告提出工伤认定申请。经历了二次工伤认定，二次复议，二次诉讼后，被告于2009年12月26日作出《职工工伤认定》，认定：何某祥所受机动车事故伤害虽发生在上下班的合理路线上，但不是在上下班的合理时间内，不属于上下班途中，不认定为工伤。原告不服，向市人民政府申请复议，复议机关作出复议决定，维持了被告作出的工伤认定决定。之后，原告诉至法院，请求撤销被告作出的工伤认定决定。

经江苏省新沂市人民法院一审，徐州市中级人民法院二审认为：上下班途中的"合理时间"与"合理路线"，是两种相互联系的认定属于上下班途中受机动车事故伤害情形的必不可少的时空概念，不应割裂开来。结合本案，何某祥在上午听课及中午就餐结束后返校的途中骑摩托车摔伤，其返校上班目的明确，应认定为合理时

---

① 《最高人民法院发布工伤保险行政纠纷典型案例》，载最高人民法院网站，http://gongbao. court. gov. cn/Details/1069b65ce7141b0c60142002361206. html？sw＝%e5%b7%a5%e4%bc%a4% e4%bf%9d%e9%99%a9%e8%a1%8c%e6%94%bf%e7%ba%a0%e7%ba%b7，最后访问时间：2023年11月17日。

间。故判决撤销被告市劳动和社会保障局作出的《职工工伤认定》；责令被告在判决生效之日起六十日内就何某祥的工伤认定申请重新作出决定。

● **相关规定**

《劳动法》第 36~45 条；《劳动和社会保障部关于实施〈工伤保险条例〉若干问题的意见》①；《职业病防治法》第四章；《职业病分类和目录》；《最高人民法院关于审理工伤保险行政案件若干问题的规定》第 4~6 条

| 第十五条 | 视同工伤的情形及其保险待遇 |

职工有下列情形之一的，视同工伤：

（一）在工作时间和工作岗位，突发疾病死亡或者在 48 小时之内经抢救无效死亡的；

（二）在抢险救灾等维护国家利益、公共利益活动中受到伤害的；

（三）职工原在军队服役，因战、因公负伤致残，已取得革命伤残军人证，到用人单位后旧伤复发的。

职工有前款第（一）项、第（二）项情形的，按照本条例的有关规定享受工伤保险待遇；职工有前款第（三）项情形的，按照本条例的有关规定享受除一次性伤残补助金以外的工伤保险待遇。

———

① 根据 2008 年《国务院机构改革方案》，劳动和社会保障部与人事部组建人力资源和社会保障部。

1. **问**：如何理解与适用在工作时间、工作岗位突发疾病的情况？

答："突发疾病"，是指上班期间突然发生任何种类的疾病，一般多为心脏病、脑出血、心肌梗塞等突发性疾病。职工在工作时间和工作岗位突发疾病当场死亡的，以及职工在工作时间和工作岗位突发疾病后没有当时死亡，但在 48 小时之内经抢救无效死亡的，应当视同工伤。

2. **问**：如何理解与适用在维护国家利益、公共利益活动中受到伤害的情况？

答："维护国家利益"，是指为了减少或者避免国家利益遭受损失，职工挺身而出。"维护公共利益"，是指为了减少或者避免公共利益遭受损失，职工挺身而出。本条列举了抢险救灾这种情形，是为了帮助大家更好地理解和掌握哪种情形属于维护国家利益和维护公共利益，但凡是与抢险救灾性质类似的行为，都应当认定为属于维护国家利益和维护公共利益的行为。需强调的是，在这种情形下，没有工作时间、工作地点、工作原因等要素要求。

3. **问**：如何理解与适用职工原在军队服役，因战、因公负伤致残，已取得革命伤残军人证，到用人单位后旧伤复发的情况？

答："因战致残"是指：（1）对敌作战致残；（2）因执行任务，或者被俘、被捕后不屈致残；（3）为抢救和保护国家财产、人民生命财产或者参加处置突发事件致残；（4）因执行军事演习、战备航行飞行、空降和导弹发射训练、试航试飞任务以及参加武器装备科研实验致残等。

"因公致残"是指：（1）在执行任务中或者在上下班途中，由于意外事件致残；（2）被认定为因战、因公致残后旧伤复发；（3）因患职业病致残；（4）在执行任务中或者在工作岗位上因病致残，或者因医疗事故致残等。

"旧伤复发"是指职工在军队服役期间，因战、因公负伤致残，并取得了革命伤残军人证，到用人单位后其在军队服役期间因战、因公负伤的伤害部位（伤口）发生变化，需要进行治疗或相关救治的情形。

● **典型案例**

1. 刘某丽诉某市人民政府行政复议案（最高人民法院指导案例191号）

2016年3月31日，朱某雄与建某公司就朱某雄商住楼工程签订施工合同，发包人为朱某雄，承包人为建某公司。补充协议约定由建某公司设立工人工资支付专用账户，户名为陆某峰。随后，朱某雄商住楼工程以建某公司为施工单位办理了工程报建手续。案涉工程由梁某某组织工人施工，陆某峰亦在现场参与管理。施工现场大门、施工标志牌等多处设施的醒目位置，均标注该工程的承建单位为建某公司。另查明，建某公司为案涉工程投保了施工人员团体人身意外伤害保险，保险单载明被保险人30人，未附人员名单。2017年6月9日，梁某某与陆某峰接到某市住建部门的检查通知，二人与工地其他人员在出租屋内等待检查。该出租屋系梁某某承租，用于工地开会布置工作和发放工资。当日15时许，梁某某被发现躺在出租屋内，死亡原因为猝死。

梁某某妻子刘某丽向某市人社局申请工伤认定。某市人社局作出《关于梁某某视同工亡认定决定书》（以下简称《视同工亡认定书》），认定梁某某是在工作时间和工作岗位，突发疾病在四十八小时之内经抢救无效死亡，符合《工伤保险条例》第十五条第一款第一项规定的情形，视同因工死亡。建某公司不服，向某市人民政府（以下简称某市政府）申请行政复议。某市政府作出《行政复议决定书》，以某市人社局作出的《视同工亡认定书》认定事实不清，证据不足，适用依据错误，程序违法为由，予以撤销。刘某丽不服，提起诉讼，请求撤销《行政复议决定书》，恢复《视同工亡认定书》的效力。

广东省清远市中级人民法院于 2018 年 7 月 27 日作出（2018）粤 18 行初 42 号行政判决：驳回刘某丽的诉讼请求。刘某丽不服一审判决，提起上诉。广东省高级人民法院于 2019 年 9 月 29 日作出（2019）粤行终 390 号行政判决：驳回上诉，维持原判。刘某丽不服二审判决，向最高人民法院申请再审。最高人民法院于 2020 年 11 月 9 日作出（2020）最高法行申 5851 号行政裁定，提审本案。2021 年 4 月 27 日，最高人民法院作出（2021）最高法行再 1 号行政判决：1. 撤销广东省高级人民法院（2019）粤行终 390 号行政判决；2. 撤销广东省清远市中级人民法院（2018）粤 18 行初 42 号行政判决；3. 撤销某市政府作出的《行政复议决定书》；4. 恢复某市人社局作出的《视同工亡认定书》的效力。

最高人民法院认为：

一、建某公司应作为承担工伤保险责任的单位

作为具备用工主体资格的承包单位，既然享有承包单位的权利，也应当履行承包单位的义务。在工伤保险责任承担方面，建某公司与梁某某之间虽未直接签订转包合同，但其允许梁某某利用其资质并挂靠施工，参照原劳动和社会保障部《关于确立劳动关系有关事项的通知》（劳社部发〔2005〕12 号）第四条、《人力资源和社会保障部关于执行〈工伤保险条例〉若干问题的意见》（人社部发〔2013〕34 号，以下简称《人社部工伤保险条例意见》）第七点规定以及《最

高人民法院关于审理工伤保险行政案件若干问题的规定》（以下简称《工伤保险行政案件规定》）第三条第一款第四项、第五项规定精神，可由建某公司作为承担工伤保险责任的单位。

二、建某公司应承担梁某某的工伤保险责任

某市政府和建某公司认为，根据法律的相关规定，梁某某是不具备用工主体资格的"包工头"，并非其招用的劳动者或聘用的职工，梁某某因工伤亡不应由建某公司承担工伤保险责任。对此，最高人民法院认为，将因工伤亡的"包工头"纳入工伤保险范围，赋予其享受工伤保险待遇的权利，由具备用工主体资格的承包单位承担用人单位依法应承担的工伤保险责任，符合工伤保险制度的建立初衷，也符合《工伤保险条例》及相关规范性文件的立法目的。

首先，建设工程领域具备用工主体资格的承包单位承担其违法转包、分包项目上因工伤亡职工的工伤保险责任，并不以存在法律上劳动关系或事实上劳动关系为前提条件。根据《人社部工伤保险条例意见》第七点规定、《工伤保险行政案件规定》第三条规定，为保障建筑行业中不具备用工主体资格的组织或自然人聘用的职工因工伤亡后的工伤保险待遇，加强对劳动者的倾斜保护和对违法转包、分包单位的惩戒，现行工伤保险制度确立了因工伤亡职工与承包单位之间推定形成拟制劳动关系的规则，即直接将违法转包、分包的承包单位视为用工主体，并由其承担工伤保险责任。

其次，将"包工头"纳入工伤保险范围，符合建筑工程领域工伤保险发展方向。根据《国务院办公厅关于促进建筑业持续健康发展的意见》（国办发〔2017〕19号）、《人力资源社会保障部办公厅关于进一步做好建筑业工伤保险工作的通知》（人社厅函〔2017〕53号）等规范性文件精神，要求完善符合建筑业特点的工伤保险参保政策，大力扩展建筑企业工伤保险参保覆盖面。即针对建筑行业的特点，建筑施工企业对相对固定的职工，应按用人单位参加工伤保险；对不能按用人单位参保、建筑项目使用的建筑业职工特别是农民工，按项目参加工伤保险。因此，为包括"包工头"在内的所有劳动者按项目参加工伤保险，扩展建筑企业工伤保险参保覆盖面，符合建筑工程领域工伤保险制度发展方向。

再次，将"包工头"纳入工伤保险对象范围，符合"应保尽保"的工伤保险制度立法目的。《工伤保险条例》关于"本单位全部职工或者雇工"的规定，并未排除个体工商户、"包工头"等特殊的用工主体自身也应当参加工伤保险。易言之，无论是工伤保险制度的建立本意，还是工伤保险法规的具体规定，均没有也不宜将"包工头"排除在工伤保险范围之外。"包工头"作为劳动者，处于违法转包、分包等行为利益链条的最末端，参与并承担着施工现场的具体管理工作，有的还直接参与具体施工，其同样可能存在工作时间、工作地点因工作原因而伤亡的情形。"包工头"因工伤亡，与其聘用的施工人员因工伤亡，就工伤保险制度和工伤保险责任而言，并不存在本质区别。如人为限缩《工伤保险条例》的适用范围，不将"包工头"纳入工伤保险范围，将形成实质上的不平等；而将"包工头"等特殊主体纳入工伤保险范围，则有利于实现对全体劳动者的倾斜保护，彰显社会主义工伤保险制度的优越性。

最后，"包工头"违法承揽工程的法律责任，与其参加社会保险的权利之间并不冲突。根据社会保险法第一条、第三十三条规定，工伤保险作为社会保险制度的一个重要组成部分，由国家通过立法强制实施，是国家对职工履行的社会责任，也是职工应该享受的基本权利。不能因为"包工头"违法承揽工程违反建筑领域法律规范，而否定其享受社会保险的权利。承包单位以自己的名义和资质承包建设项目，又由不具备资质条件的主体实际施工，从违法转包、分包或者挂靠中获取利益，由其承担相应的工伤保险责任，符合公平正义理念。当然，承包单位依法承担工伤保险责任后，在符合法律规定的情况下，可以依法另行要求相应责任主体承担相应的责任。

2. 某保健服务部诉上海市某区人力资源和社会保障局工伤认定案（《最高人民法院公报》2017 年第 4 期）

上海市普陀区人民法院一审查明：劳动人事争议仲裁委员会于 2014 年 8 月 19 日作出裁决书，认定吴某海与原告某保健服务部自 2012 年 12 月 20 日至 2013 年 12 月 24 日存在劳动关系。何某美、吴某波系死者吴某海的妻子和儿子，两人于 2014 年 10 月 13 日向被告上海市某区人力资源和社会保障局（以下简称某区人保局）提出申请，要求对吴某海于 2013 年 12 月 23 日在工作中突发疾病于次日抢救无效死亡进行工伤认定。某区人保局于 2014 年 10 月 22 日受理后，进行了工伤认定调查，同年 12 月 19 日作出认定工伤决定，认为吴某海受到的伤害，符合《工伤保险条例》第十五条第（一）项之规定、《上海市工伤保险实施办法》第十五条第（一）项之规定，属于视同工伤范围，现予以视同为工伤。

上海市普陀区人民法院一审认为：根据《工伤保险条例》第五条第二款、《上海市工伤保险实施办法》第五条第二款的规定，被告某区人保局作为劳动保障行政部门，依法具有作出工伤认定的执法主体资格。本案中，某区人保局提供的证据具有真实性、关联性和合法性，可以作为定案证据，上海市普陀区人民法院予以确认。某区人保局收到第三人申请后在 10 个工作日内予以受理，并在受理后 60 日内作出了工伤认定，符合法定程序。根据《工伤保险条例》第十五条第

（一）项的规定，"职工有下列情形之一的，视同工伤：在工作时间和工作岗位，突发疾病死亡或者在48小时之内经抢救无效死亡的"。本案中，依据劳动人事争议仲裁委员会裁决书、某区人保局对原告某保健服务部投资人吴某煌等的调查笔录、医院门急诊病历、居民死亡医学证明书等，可认定吴某海系原告单位的职工，其于2013年12月23日在工作时间和工作岗位上突发疾病，并经送医抢救后于次日死亡。根据《工伤保险条例》第十九条第二款的规定，职工或者其直系亲属认为是工伤，用人单位不认为是工伤的，由用人单位承担举证责任。即原告不认为吴某海是工伤的，应承担相应的举证责任。原告于工伤认定调查程序中未提供相应证据推翻上述结论，并且本案中原告的证据也不足以推翻被告认定的事实。需要指出，某区人保局在认定工伤决定书上"吴某海受到的伤害"的表述虽有瑕疵，但该瑕疵不足以撤销被诉行政行为。综上所述，某区人保局作出被诉行政行为，主要事实认定清楚、适用法律正确。原告要求撤销被诉行政行为的诉讼请求，缺乏事实证据和法律依据，依法不能成立，难以支持。据此，上海市普陀区人民法院依照《中华人民共和国行政诉讼法》第六十九条之规定，于2015年6月24日作出判决：驳回原告上海某保健服务部的诉讼请求。

一审宣判后，某保健服务部不服，向上海市第二中级人民法院提起上诉。上海市第二中级人民法院经二审，确认了一审查明的事实。

上海市第二中级人民法院二审认为：被上诉人某区人保局具有作出被诉工伤认定的法定职权。被上诉人受理两原审第三人的工伤认定申请后，依法进行了调查，于法定期限内作出被诉工伤认定决定并送达双方当事人，行政程序合法。被上诉人依据某保健服务部员工的调查笔录及吴某海的病历材料、居民死亡医学证明书等证据，认定吴某海于2013年12月23日工作时突发疾病，当日送同济医院救治，次日死亡的事实，证据充分、事实清楚。被上诉人依据《工伤保险条例》第十五条第一款第（一）项、《上海市工伤保险实施办法》第十五条第一款第（一）项之规定，认定吴某海因病死亡的情形属于视同工伤，适用法律正确。被上诉人所作的工伤认定决定书在使用法律条文时，将上述规定均表述为"第十五条第（一）项"，未写明第一款，显然不符合规范，应予纠正。

关于上诉人某保健服务部对吴某海死亡医学证明真实性存疑的意见，上海市第二中级人民法院认为，死亡医学证明系有资质的医疗机构出具，该证明形式完整、要件齐备，虽然在"死亡日期"的月份处有涂改，但该涂改不影响对吴某海死亡时间的认定，也未与其他证据相矛盾，故该证明的真实性予以认可。

上诉人某保健服务部关于运送吴某海回乡的救护车为非正规救护车的意见，被上诉人某区人保局认定吴某海死亡的依据是死亡医学证明书，该证明书载明吴某海在医院急诊救护车上死亡，即已经对该救护车予以了确认。而且，两原审第三人是通过拨打120电话的正规途径呼叫的救护车，即使该救护车不属于上海市医疗急救中心所有，也不能推断上海化学工业区医疗中心的救护车为非正规救护车。上诉人提供的证据无法证明其该项主张，法院不予支持。

关于上诉人某保健服务部认为吴某海死亡系家属主动放弃治疗运送其回乡而导致，不属于《工伤保险条例》第十五条第一款第（一）项规定的"突发疾病死亡或者在48小时之内经抢救无效死亡的"情形的意见，法院认为，从吴某海发病后被送至同济医院治疗直至在救护车上死亡，其始终未脱离医疗机构的治疗抢救状态，其家属始终未有拒绝接受救治的意思表示，故上诉人的上述主张不能成立。上海市第二中级人民法院判决驳回上诉，维持原判。

3. 颜某某诉某县人力资源和社会保障局、某市人力资源和社会保障局工伤认定及行政复议检察监督案（最高人民检察院发布《工伤认定和工伤保险类行政检察监督典型案例》）①

颜某某的丈夫梁某某生前是广西某县住建局职工。2016 年 9 月 29 日，梁某某受单位指派前往某市参加会议，当日下午会议结束乘车返回某县途中，于 21 时突然昏倒、丧失意识，被就近送到卫生院抢救，22 时转入某县人民医院抢救，被诊断为脑干出血、呼吸停止，给予气管插管、呼吸机辅助呼吸等治疗。9 月 30 日 13 时 50 分，梁某某被转入某市人民医院抢救，但自主呼吸丧失，给予持续呼吸、循环生命支持。经多日抢救无好转可能，梁某某家属签字放弃治疗，某市人民医院遂于 10 月 9 日 14 时 30 分拔掉呼吸机，5 分钟后宣告梁某某死亡。2016 年 11 月 8 日，颜某某向某县人力资源和社会保障局（以下简称某县人社局）申请工伤认定，该局认为梁某某不符合《工伤保险条例》第十五条第一款第一项规定的视同工伤情形，不予认定为工伤。颜某某不服，向某市人力资源和社会保障局（以下简称某市人社局）申请行政复议，该局复议维持了某县人社局的不予认定工伤决定。颜某某不服，向某市某区人民法院提起行政诉讼。某区人民法院一审认定梁某某属于视同工伤情形，判决撤销某市人社局行政复议决定、某县人社局不予认定工伤决定，责令某县人社局限期重作决定。某市人社局不服，上诉至某市中级人民法院。某市中级人民法院二审认定梁某某不属于视同工伤情形，判决撤销一审判决、驳回颜某某的诉讼请求。颜某某不服，向广西壮族自治区高级人民法院申请再审被

① 《工伤认定和工伤保险类行政检察监督典型案例》，载最高人民检察院网站，https://www.spp.gov.cn/spp/xwfbh/wsfbt/202105/t20210512_517755.shtml#2，最后访问时间：2023 年 11 月 17 日。

驳回后，向某市人民检察院申请监督，该院提请广西壮族自治区人民检察院抗诉。

检察机关经查阅审判卷宗、病历材料和询问相关人员，认定各方当事人对梁某某属于在工作时间、工作岗位上突发疾病没有异议，争议焦点是梁某某在病发后经抢救超过 48 小时才被宣告死亡，是否属于《工伤保险条例》第十五条第一款第一项规定的视同工伤情形。检察机关认为，梁某某在发病当日已被某县人民医院诊断为脑干出血、呼吸停止，在病发约 17 个小时后转入某市人民医院抢救，但自主呼吸丧失，始终需要依靠设备给予呼吸、循环生命支持，且经持续抢救 10 余天无法好转，并在拔掉呼吸机 5 分钟后即被宣告死亡，在法律对死亡认定标准没有明确规定情况下，本案应从有利于保护职工的立场予以解释，认定梁某某视同工伤。广西壮族自治区人民检察院向自治区高级人民法院提出抗诉后，该院采纳了抗诉意见，再审判决撤销二审判决、维持一审判决。随后，某县人社局主动履行了自治区高级人民法院的再审判决，重新作出梁某某属于工伤的认定，相关工伤保险待遇已支付到位，本案行政争议得以实质性化解。

● **相关规定**

《劳动和社会保障部关于实施〈工伤保险条例〉若干问题的意见》

第十六条 **不属于工伤的情形**

职工符合本条例第十四条、第十五条的规定，但是有下列情形之一的，不得认定为工伤或者视同工伤：

（一）故意犯罪的；

（二）醉酒或者吸毒的；

（三）自残或者自杀的。

1. 故意犯罪。本条只将因故意犯罪导致事故伤害的规定不认定为工伤的情形。我国《刑法》规定，明知自己的行为会发生危害社会的结果，并且希望或者放任这种结果发生，因而构成犯罪的，是故意犯罪。

2. 醉酒或吸毒。"醉酒"，是指职工饮用含有酒精的饮料达到醉酒的状态，在酒精作用期间从事工作受到事故伤害。职工在工作时因醉酒导致行为失控而对自己造成的伤害，不认定为工伤。对于醉酒，应当依据行为人体内酒精含量的检测结果作出认定，如发现行为人体内酒精含量达到或者超过一定标准，就应当认定为醉酒。关于吸毒。根据《禁毒法》的规定，毒品，是指鸦片、海洛因、甲基苯丙胺（冰毒）、吗啡、大麻、可卡因，以及国家规定管制的其他能够使人形成瘾癖的麻醉药品和精神药品。

3. 自残或自杀。"自残"是指通过各种手段和方法伤害自己的身体，并造成伤害结果的行为。"自杀"是指通过各种手段和方法自己结束自己生命的行为。

● 相关规定

《社会保险法》第 37 条

第十七条 **申请工伤认定的主体、时限及受理部门**

职工发生事故伤害或者按照职业病防治法规定被诊断、鉴定为职业病，所在单位应当自事故伤害发生之日或者被诊断、鉴定为职业病之日起 30 日内，向统筹地区社会保险行政部门提出工伤认定申请。遇有特殊情况，经报社会保险行政部门同意，申请时限可以适当延长。

用人单位未按前款规定提出工伤认定申请的，工伤职工或者其近亲属、工会组织在事故伤害发生之日或者被诊断、鉴定为职业病之日起 1 年内，可以直接向用人单位所在地统筹地区社会保险行政部门提出工伤认定申请。

按照本条第一款规定应当由省级社会保险行政部门进行工伤认定的事项，根据属地原则由用人单位所在地的设区的市级社会保险行政部门办理。

用人单位未在本条第一款规定的时限内提交工伤认定申请，在此期间发生符合本条例规定的工伤待遇等有关费用由该用人单位负担。

● **典型案例**

1. 凯某公司诉某市人力资源和社会保障局工伤认定案（《最高人民法院公报》2020 年第 12 期)

2014 年 11 月 21 日，凯某公司向某市人力资源和社会保障局（以下简称某市人社局）提出工伤认定申请，请求认定公司员工张某丽患职业病为工伤，并提交了工伤认定申请表、职业病诊断证明书、凯某公司函、企业法人注册登记资料、员工身份证、退休证明资料等材料。其中，职业病防治院 2014 年 10 月 27 日出具的《职业病诊断证明书》载明："诊断结论：职业性放射性肿瘤，依据：职业接触史明确，工作中接触放射性粉尘、氡气、放射性外照射；职业病危害接触史：张某丽于 1964 年 8 月至 1964 年 12 月、1965 年 12 月至 1968 年 11 月、1970 年 2 月至 1986 年 7 月在核工业国营×××矿工作，接触放射性粉尘、氡气、放射性外照射；1986 年 8 月至 1987 年 7 月在核工业甲市技工学校工作，1987 年 8 月至 1991 年 9 月在核工业某矿冶局工作，

1991 年 10 月至 1996 年 6 月在凯某公司处工作，接触职业危害因素情况：无。"凯某公司出具的凯某公司函〔2014〕2 号《关于张某丽患职业病的工伤认定的申请》称："张某丽于 1964 年 8 月至 1986 年 7 月曾在原单位从事接触放射性粉尘、氡气、放射性外照射工作达 22 年，自 1986 年 8 月起直至退休后再无从事放射性等任何相关工作。张某丽原工作单位核工业国营×××矿早年已行政关闭，原工作单位所在地甲市社保局认为张某丽在国营×××矿工作期间，甲市社保局尚未成立，没有缴交过任何社会保险，该局不予受理工伤认定。由于张某丽 1991 年 10 月调入凯某公司处工作，一直按照有关要求缴交工伤保险，请求予以认定工伤。"某市人社局经审核后，于 2015 年 1 月 20 日作出《某市工伤认定书》，认定张某丽于 1991 年 10 月至 1996 年 6 月在凯某公司处工作直至退休，在此期间无从事放射性的任何工作（即：无职业病危害接触史）。2014 年 10 月 27 日经职业病防治院诊断为职业性放射性肿瘤，其情形不符合《广东省工伤保险条例》第九条第（四）项的规定，认定张某丽不属于或不视同工伤。凯某公司不服，遂提起行政诉讼。

深圳市福田区人民法院一审认为：第三人张某丽经职业病防治院诊断为职业性放射性肿瘤，诊断依据为张某丽于 1964 年 8 月至 1964 年 12 月、1965 年 12 月至 1968 年 11 月、1970 年 2 月至 1986 年 7 月在核工业国营×××矿工作，接触放射性粉尘、氡气、放射性外照射，其 1991 年 10 月至 1996 年 6 月在凯某公司处工作，并无职业病危害接触史。故张某丽所患职业病系其在核工业国营×××矿工作造成，并非在凯某公司处工作所造成，某市人社局据此作出《某市工伤认定书》，认定张某丽的情形不属于或不视同工伤，事实清楚，依据充分。《中华人民共和国职业病防治法》第六十条规定，劳动者被诊断患有职业病，但用人单位没有依法参加工伤保险的，其医疗和生活保障由该用人单位承担。第六十二条第一款规定，用人单位已经不存在或者无法确认劳动关系的职业病病人，可以向地方人民政府民政部门申请医疗救助和生活等方面的救助。本案中，职业病防治院出具的《职业病诊断证明书》确认张某丽患职业病的用人单位是核工业国营×××矿，故张某丽患职业病的情形应另循法律途径解决。凯某公司诉请撤销工伤认定书，理由不成立，不予支持。

深圳市福田区人民法院依据《中华人民共和国行政诉讼法》第六十九条的规定，于2015年6月17日作出判决：驳回原告凯某公司的诉讼请求。

凯某公司不服一审判决，向广东省深圳市中级人民法院提起上诉。广东省深圳市中级人民法院经二审，确认了一审查明的事实。广东省深圳市中级人民法院二审认为：本案争议焦点是被上诉人某市人社局以张某丽在上诉人凯某公司处工作期间无职业病危害接触史为由认定张某丽不属于或不视同工伤是否合法有据。

工伤的核心在于因工作受伤或患病，工伤认定作为行政确认行为，是社会保险行政部门行使职权对职工是否因工作受伤或患病的事实进行确认，该事实不因职工工作单位的变动而改变。《工伤保险条例》第十四条第（四）项及《广东省工伤保险条例》第九条第（四）项均明确规定，职工患职业病的，应当认定为工伤。《工伤保险条例》第十九条第一款及《广东省工伤保险条例》第十五条第二款还进一步规定了，"职业病诊断和诊断争议的鉴定，依照职业病防治法的有关规定执行。对依法取得的职业病诊断证明书或者职业病诊断鉴定书，社会保险行政部门不再进行调查核实"。由此，上述立法中对于职工患职业病认定为工伤，并无附加其他条件，即并未明文设定职工须在用人单位工作期间患职业病的限制条件。

同时，对于职业病工伤认定的申请主体，《工伤保险条例》第十七条第一款规定，职工被诊断、鉴定为职业病，所在单位应当自被诊断、鉴定为职业病之日起 30 日内，向统筹地区社会保险行政部门提出工伤认定申请。再结合该条例第二条有关用人单位的表述及第十七条第二款、第三款、第四款有关用人单位未在法定时限内提交工伤认定申请之法律责任的规定，可以得出结论：《工伤保险条例》并未将职业病职工的用人单位限定于具有职业病危害因素、导致职工患职业病的工作单位；相反，职工被诊断为职业病时的所在单位即负有作为用人单位申请工伤认定等法定义务，亦即《工伤保险条例》认同其为职业病职工用人单位。

在职业病防治中，国家为职业病病人设定了多层级保障，从享受工伤保险待遇到向用人单位民事索赔，到最后由人民政府救助，体现了国家对职业病病人的特别保护，表明国家旨在对职业病病人设置无漏洞的保障体系。《中华人民共和国职业病防治法》第五十八条规定，职业病病人的诊疗、康复费用，伤残以及丧失劳动能力的职业病病人的社会保障，按照国家有关工伤保险的规定执行。第六十一条第一款进一步明确规定，职业病病人变动工作单位，其依法享有的待遇不变。此处所规定的待遇当然包括职业病病人的工伤保险待遇。

具体到本案中，原审第三人张某丽于 2014 年 10 月被诊断为职业性放射性肿瘤，上诉人凯某公司为张某丽获得诊断时的所在单位，有法律效力的《职业病诊断证明书》上载明的用人单位亦为凯某公司。事实上，张某丽已自 1991 年 10 月调入凯某公司单位起一直在凯某公司处工作，直至 1996 年 6 月退休，凯某公司也一直为张某丽缴纳工伤保险。因此，当张某丽被诊断为职业病时，凯某公司作为其所在单位有义务为张某丽提出工伤认定申请，而被上诉人某市人社局应依法进行认定。在《工伤保险条例》及《广东省工伤保险条例》均未对职工患职业病认定工伤设置其他限制条件的情况下，某市人社局认定张某丽不属于或不视同工伤属于适用法律错误，依法应予撤销。

被上诉人某市人社局以原审第三人张某丽的职业病并非在上诉人凯某公司处工作所造成为由，主张张某丽不属于工伤。然而《工伤保险条例》并未将职业病职工的用人单位限定于具有职业病危害因素、导致职工患职业病的工作单位。如果《工伤保险条例》一方面在第十七条要求职工被诊断为职业病时所在单位申请工伤认定，另一方面又如某市人社局所理解，职业病病人只能以导致其患病的工作单位为用人单位方能认定工伤，那《工伤保险条例》第十七条规定就丧失了意义和价值，因为申请只是程序上启动了工伤认定程序，对职业病病人真正有意义的是工伤认定结论。某市人社局上述主张没有法律依据，且与工伤保险立法宗旨及相关规定相违，不予采纳。某市人社局亦主张根据《职业病防治法》第六十条规定张某丽应由原工作单位核工业国营×××厂承担工伤保险待遇，或根据该法第六十二条向甲市当地人民政府民政部门寻求救助。首先，本案审查对象为工伤认定行为，工伤保险待遇承担与工伤认定属两个不同阶段的行政行为，不能以后续工伤保险待遇的承担来否定张某丽的工伤事实。其次，张某丽在核工业国营×××矿工作，职业病危害接触的最后时间为1986年7月，此时并未建立工伤保险社会统筹制度；从凯某公司出具的工伤认定申请函来看，张某丽已向甲市社保局申请过工伤认定，而甲市社保局正是以没有缴交过任何社会保险为由不予受理工伤认定。相反，凯某公司一直为张某丽缴纳工伤保险，即张某丽不属于《职业病防治法》第六十条规定之"劳动者被诊断患有职业病，但用人单位没有依法参加工伤保险的"情形。最后，《职业病防治法》第六十一条第一款明确规定，职业病病人变动工作单位，其依法享有的待遇不变。此处所规定的待遇当然包括职工的工伤保险待遇。而《职业病防治法》第六十二条第一款有关"用人单位已经不存在或者无法确认劳动关系的职业病病人，可以向地方人民政府民政部门申请医疗救助和生活等方面的救助"之规定，是在工伤保险、用人单位确实缺位时，国家对职业病病人的特别兜底保护。不能因存在人民政府救助这一救济途径，而否定张某丽的工伤事实，进而排除其享受工伤保险待遇的权利。因此，某市人社局上述主张，不予支持。

综上，上诉人凯某公司有关撤销被诉工伤认定书的上诉请求成立。被上诉人某市人社局作出的被诉《某市工伤认定书》适用法律错误，予以撤销。原审判决适用法律错误，亦予撤销。是否认定工伤为某市人社局的行政职权，凯某公司原审有关重新作出认定张某丽所患职业病为工伤的决定之诉讼请求，超越司法权限，不予支持。深圳市中级人民法院依照《中华人民共和国行政诉讼法》第七十条第（二）项、第八十九条第一款第（二）项，《最高人民法院关于执行〈中华人民共和国行政诉讼法〉若干问题的解释》第六十条第一款及《工伤保险条例》第二十条第一款的规定，于 2016 年 5 月 20 日作出判决：1. 撤销广东省深圳市福田区人民法院（2015）深福法行初字第 475 号行政判决；2. 撤销某市人力资源和社会保障局于 2015 年 1 月 20 日作出的《某市工伤认定书》；3. 某市人力资源和社会保障局于本判决生效之日起 60 日内对原审第三人张某丽患职业病情形是否属于工伤重新作出具体行政行为；4. 驳回上诉人凯某公司的其他诉讼请求。

2. 侯某某诉四川某市人力资源和社会保障局工伤认定检察监督案（最高人民检察院发布《工伤认定和工伤保险类行政检察监督典型案例》）①

2014 年 7 月 9 日，四川某煤业有限公司某山北矿（以下简称某山北矿）职工侯某某在矿井下操作钻机作业时，因突然感觉听不到声音，被送医治疗诊断为双耳重度感音神经性耳聋。2014 年 12 月 3 日，侯某某向四川某市人力资源和社会保障局（下简称市人社局）申请工伤认定。因侯某某无法按市人社局要求提供其耳聋系操作钻机所致的因果关系证明材料或者职业病诊断证明，经某煤业有限公司申请，某市疾病预防控制中心（下简称市疾控中心）于 2015 年 7 月 27 日出具《医学意见书》，结论为侯某某的耳聋"不考虑职业性爆震聋的诊断"。2015 年 9 月 14 日，市人社局以侯某某提交的《医学意见书》等材料不能证明其耳聋系 2014 年 7 月 9 日在某山北矿井下操作钻机所致为由，作出《不予认定工伤决定书》。侯某某不服，向某鉴定所申请鉴定。2015 年 10 月 8 日，某鉴定所出具《法医学鉴定意见书》，认为"被鉴定人侯某某的双耳聋不能完全排除与其井下作业有关"。侯某某向某市某区人民法院提起行政诉讼。法院审理认为，市人社局作出行政决定时仅考虑无职业性爆震聋诊断即作出不予认定工伤决定，结论不周延，判决撤销《不予认定工伤决定书》，要求市人社局重新作出工伤认定。某山北矿不服一审判决，提出上诉。某市中级人民法院认为，侯某某未能提供证明其耳聋属于职业性耳聋的职业病诊断证明书或者职业病诊断鉴定书，市人社局作出不予认定工伤决定并无不当，判决撤销一审行政判

---

① 《工伤认定和工伤保险类行政检察监督典型案例》，载最高人民检察院网站，https://www.spp.gov.cn/spp/xwfbh/wsfbt/202105/t20210512_517755.shtml#2，最后访问时间：2023 年 11 月 17 日。

决，驳回侯某某的诉讼请求。侯某某的再审申请被四川省高级人民法院裁定驳回。侯某某向某市人民检察院申请监督。

某市人民检察院认为终审判决适用法律确有错误，于2018年11月20日向某市中级人民法院提出再审检察建议，法院未采纳。某市人民检察院跟进监督，提请四川省人民检察院抗诉。四川省人民检察院受理后，全面审查法院案卷，向某市应急管理局、用人单位某山北矿、某山北矿掘进九队、侯某某工友、社区、侯某某本人及其前妻调查核实，分别与省人社厅、省高级法院、市人社局、市疾控中心就本案相关专业认定及法律认识问题沟通交流，厘清了本案争议的症结：一是侯某某职业病诊断证明或职业病鉴定缺失。二是侯某某体检报告和健康档案缺失。因用人单位从未安排其职工进行听力健康检查并建立健康档案，故无法提供侯某某的听力体检报告和健康档案。经向某医院职业病科咨询，医生认为该案不具备重新进行职业病诊断或鉴定的条件。三是工伤认定的相关规定落实难。根据《工伤保险条例》第十九条第二款和《工伤认定办法》第十七条规定，用人单位提交的证据不能证明劳动者不构成工伤，应当承担举证不能的责任。但人社部门表示，以职业病角度认定工伤，若劳动者未提供职业病诊断证明或鉴定，均不会作出工伤认定。

考虑到抗诉后即使法院再审改判责令人社部门重新对侯某某进行工伤认定，人社部门仍不可能作出认定工伤的决定，本案将陷入"程序空转"之中，为解决侯某某因无法工作导致生活窘迫的境地，检察机关决定以实质性化解行政争议为目标，综合施策对侯某某实施帮扶。2020年10月23日，四川省人民检察院召开侯某某工伤认定行政争议化解座谈会，向用人单位阐释因其在职工健康检查和建立职工健康档案工作中存在的问题，给侯某某申请职业病诊断或鉴定及工伤认定带来的困难；向社保部门反映侯某某生活的困境。最终，根据《四川省省级国家司法救助分类量化标准实施细则（试行）》的规定，省检察院给予侯某某9万元国家司法救助金；某建工有限公司、某山北矿分别为侯某某提供困难救助金3万元；县社保部门上门为侯某某办理社保手续。侯某某当场提交了撤回监督申请书。

● **相关规定**

《工伤认定办法》第2~4条；《职业病防治法》第四章；《劳动和社会保障部关于实施〈工伤保险条例〉若干问题的意见》

第十八条 申请材料

提出工伤认定申请应当提交下列材料：

（一）工伤认定申请表；

（二）与用人单位存在劳动关系（包括事实劳动关系）的证明材料；

（三）医疗诊断证明或者职业病诊断证明书（或者职业病诊断鉴定书）。

工伤认定申请表应当包括事故发生的时间、地点、原因以及职工伤害程度等基本情况。

工伤认定申请人提供材料不完整的，社会保险行政部门应当一次性书面告知工伤认定申请人需要补正的全部材料。申请人按照书面告知要求补正材料后，社会保险行政部门应当受理。

● **实用问答**

1. 问：与用人单位存在劳动关系的证明材料包括什么？

答：劳动合同是证明用人单位与职工之间存在劳动关系的有力凭

证，是主要的证明材料。对于现实中部分不与职工签订劳动合同的用人单位，可以把其他有关的材料作为实际用工已形成劳动关系的证明材料，如工资报酬的领取证明、同事的书面证明等。

2. 问：如何出具医疗诊断证明？

答：出具普通事故伤害的医疗证明，没有严格的法定程序，为了保证所提供的医疗诊断证明的真实性，社会保险行政部门可以根据需要对事故伤害进行调查核实。此外，医师在出具有关工伤的医疗证明文件时必须签名，并对证明的真实性承担法律责任。

第十九条　事故调查及举证责任

社会保险行政部门受理工伤认定申请后，根据审核需要可以对事故伤害进行调查核实，用人单位、职工、工会组织、医疗机构以及有关部门应当予以协助。职业病诊断和诊断争议的鉴定，依照职业病防治法的有关规定执行。对依法取得职业病诊断证明书或者职业病诊断鉴定书的，社会保险行政部门不再进行调查核实。

职工或者其近亲属认为是工伤，用人单位不认为是工伤的，由用人单位承担举证责任。

● **实用问答**

1. 问：当事人申请职业病诊断鉴定时，应当提供什么材料？

答：根据《职业病诊断与鉴定管理办法》相关规定，当事人申请职业病诊断鉴定时，应当提供以下材料：（1）职业病诊断鉴定申请书；（2）职业病诊断证明书；（3）职业史、既往史；（4）职业健康监护档案复印件；（5）职业健康检查结果；（6）工作场所历年职业病危害因素检测、评价资料；（7）诊断机构要求提供的其他必需的有关材料。用人单位和有关机构应当按照诊断机构的要求，如实提供必要的资料。没有职业病危害接触史或者健康检查没有发现异常的，诊断机构可以不予受理。

2. 问：**职业病诊断鉴定书应当包括的内容？**

答：职业病诊断鉴定委员会应当认真审阅有关资料，依照有关规定和职业病诊断标准，运用科学原理和专业知识，独立进行鉴定。在事实清楚的基础上，进行综合分析，做出鉴定结论，并制作鉴定书。鉴定结论以鉴定委员会成员的过半数通过。鉴定过程应当如实记载。职业病诊断鉴定书应当包括以下内容：（1）劳动者、用人单位的基本情况及鉴定事由；（2）参加鉴定的专家情况；（3）鉴定结论及其依据，如果为职业病，应当注明职业病名称，程度（期别）；（4）鉴定时间。参加鉴定的专家应当在鉴定书上签字，鉴定书加盖职业病诊断鉴定委员会印章。职业病诊断鉴定书应当于鉴定结束之日起 20 日内由职业病诊断鉴定办事机构发送当事人。

● *相关规定*

《工伤认定办法》第 10~14 条

第二十条 **工伤认定的时限、回避**

社会保险行政部门应当自受理工伤认定申请之日起 60 日内作出工伤认定的决定，并书面通知申请工伤认定的职工或者其近亲属和该职工所在单位。

社会保险行政部门对受理的事实清楚、权利义务明确的工伤认定申请，应当在 15 日内作出工伤认定的决定。

作出工伤认定决定需要以司法机关或者有关行政主管部门的结论为依据的，在司法机关或者有关行政主管部门尚未作出结论期间，作出工伤认定决定的时限中止。

> 社会保险行政部门工作人员与工伤认定申请人有利害关系的，应当回避。

● 实用问答

1. 问：如何理解工伤认定时限的中止？

答：针对实践中存在的一些工伤认定决定需要等待司法机关或者有关行政主管部门作出结论的情况，本条例专门作了中止规定。比如，受到事故伤害的职工正在接受法院的审理，是否认定其故意犯罪，在这期间应当中止工伤认定，如果法院认定为不是故意犯罪或者无罪，就需重新启动工伤认定程序。再如，上下班途中发生的交通事故，是不是职工本人的主要责任，应等待交通管理机关的认定，同样应当中止工伤认定，如果结果是本人应当负主要责任，则不能认定为工伤，反之则应当认定为工伤。

2. 问：如何理解工伤认定的回避？

答：社会保险行政部门的工作人员，包括部门领导、一般工作人员，无论是否与工伤认定工作直接相关，凡与工伤认定申请人有亲戚、同事、同学、老乡等关系，可能影响公正作出工伤认定的，都需回避。

● 典型案例

王某德诉某市人力资源和社会保障局工伤认定案（最高人民法院指导案例 69 号）

原告王某德系王某兵之父。王某兵是四川嘉某资产管理集团有限公司峨眉山分公司职工。2013 年 3 月 18 日，王某兵因交通事故死亡。由于王某兵驾驶摩托车倒地翻覆的原因无法查实，交警大队于同年 4 月 1 日依据《道路交通事故处理程序规定》第五十条的规定，作出

《道路交通事故证明》。该《道路交通事故证明》载明：2013年3月18日，王某兵驾驶无牌"卡迪王"二轮摩托车由峨眉山市大转盘至小转盘方向行驶。1时20分许，当该车行至省道S306线29.3KM处驶入道路右侧与隔离带边缘相擦刮，翻覆于隔离带内，造成车辆受损、王某兵当场死亡的交通事故。

2013年4月10日，第三人四川嘉某资产管理集团有限公司峨眉山分公司就其职工王某兵因交通事故死亡，向被告某市人力资源和社会保障局申请工伤认定，并同时提交了交警大队所作的《道路交通事故证明》等证据。被告以公安机关交通管理部门尚未对本案事故作出交通事故认定书为由，于当日作出《工伤认定时限中止通知书》（以下简称《中止通知》），并向原告和第三人送达。

2013年6月24日，原告通过国内特快专递邮件的方式，向被告提交了《恢复工伤认定申请书》，要求被告恢复对王某兵的工伤认定。因被告未恢复对王某兵的工伤认定程序，原告遂于同年7月30日向法院提起行政诉讼，请求判决撤销被告作出的《中止通知》。

四川省乐山市市中区人民法院于2013年9月25日作出（2013）乐中行初字第36号判决，撤销被告某市人力资源和社会保障局于2013年4月10日作出的《中止通知》。一审宣判后，某市人力资源和社会保障局提起了上诉。乐山市中级人民法院二审审理过程中，某市人力资源和社会保障局递交撤回上诉申请书。乐山市中级人民法院经审查认为，上诉人自愿申请撤回上诉，属其真实意思表示，符合法律规定，遂裁定准许某市人力资源和社会保障局撤回上诉。一审判决已发生法律效力。法院生效裁判认为，本案争议的焦点有两个：一是《中止通知》是否属于可诉行政行为；二是《中止通知》是否应当予以撤销。

一、关于《中止通知》是否属于可诉行政行为问题

法院认为，被告作出《中止通知》，属于工伤认定程序中的程序性行政行为，如果该行为不涉及终局性问题，对相对人的权利义务没有实质影响的，属于不成熟的行政行为，不具有可诉性，相对人提起行政诉讼的，不属于人民法院受案范围。但如果该程序性行政行为具有终局性，对相对人权利义务产生实质影响，并且无法通过提起针对相关的实体性行政行为的诉讼获得救济的，则属于可诉行政行为，相对人提起行政诉讼的，属于人民法院行政诉讼受案范围。

虽然根据《中华人民共和国道路交通安全法》第七十三条的规定："公安机关交通管理部门应当根据交通事故现场勘验、检查、调查情况和有关的检验、鉴定结论，及时制作交通事故认定书，作为处理交通事故的证据。交通事故认定书应当载明交通事故的基本事实、成因和当事人的责任，并送达当事人。"但是，在现实道路交通事故中，也存在因道路交通事故成因确实无法查清、公安机关交通管理部门不能作出交通事故认定书的情况。对此，《道路交通事故处理程序规定》第五十条规定："道路交通事故成因无法查清的，公安机关交通管理部门应当出具道路交通事故证明，载明道路交通事故发生的时间、地点、当事人情况及调查得到的事实，分别送达当事人。"就本案而言，交警大队就王某兵因交通事故死亡，依据所调查的事故情况，只能依法作出《道路交通事故证明》，而无法作出《交通事故认定书》。因此，本案中《道路交通事故证明》已经是公安机关交通管理部门依据《道路交通事故处理程序规定》就事故作出的结论，也就是《工伤保险条例》第二十条第三款中规定的工伤认定决定需要的"司法机关或者有关行政主管部门的结论"。除非出现新事实或者法定理由，否则公安机关交通管理部门不会就本案涉及的交通事故作出其他结论。而本案

被告在第三人申请认定工伤时已经提交了相关《道路交通事故证明》的情况下，仍然作出《中止通知》，并且一直到原告起诉之日，被告仍以工伤认定处于中止中为由，拒绝恢复对王某兵死亡是否属于工伤的认定程序。由此可见，虽然被告作出《中止通知》是工伤认定中的一种程序性行为，但该行为将导致原告的合法权益长期，乃至永久得不到依法救济，直接影响了原告的合法权益，对其权利义务产生实质影响，并且原告也无法通过对相关实体性行政行为提起诉讼以获得救济。因此，被告作出《中止通知》，属于可诉行政行为，人民法院应当依法受理。

二、关于《中止通知》应否予以撤销问题

法院认为，《工伤保险条例》第二十条第三款规定，"作出工伤认定决定需要以司法机关或者有关行政主管部门的结论为依据的，在司法机关或者有关行政主管部门尚未作出结论期间，作出工伤认定决定的时限中止"。如前所述，第三人在向被告就王某兵死亡申请工伤认定时已经提交了《道路交通事故证明》。也就是说，第三人申请工伤认定时，并不存在《工伤保险条例》第二十条第三款所规定的依法可以作出中止决定的情形。因此，被告依据《工伤保险条例》第二十条规定，作出《中止通知》属于适用法律、法规错误，应当予以撤销。另外，需要指出的是，在人民法院撤销被告作出的《中止通知》判决生效后，被告对涉案职工认定工伤的程序即应予以恢复。

● **相关规定**

《工伤认定办法》第 15~19 条

第四章　劳动能力鉴定

第二十一条　鉴定的条件

职工发生工伤，经治疗伤情相对稳定后存在残疾、影响劳动能力的，应当进行劳动能力鉴定。

● **条文注释**

劳动能力鉴定是指劳动能力鉴定机构对劳动者在职业活动中因工负伤或患职业病后，根据国家工伤保险法规规定，在评定伤残等级时通过医学检查对劳动功能障碍程度（伤残程度）和生活自理障碍程度作出的判定结论。劳动能力鉴定是给予受到事故伤害或患职业病的职工工伤保险待遇的基础和前提条件。职工在工伤治疗期内伤情处于相对稳定状态，存在残疾、影响劳动能力的，都要通过医学检查对其伤残后丧失劳动能力程度作出判定结论。

根据本条的规定，职工进行劳动能力鉴定的条件有三：（1）应该在经过治疗，伤情处于相对稳定状态后进行。（2）工伤职工必须存在残疾，主要表现在身体上的残疾。例如，身体的某一器官造成损伤，或者造成肢体残疾等。（3）工伤职工的残疾须对工作、生活产生了直接的影响，伤残程度已经影响到职工本人的劳动能力。例如，职工发生工伤后，由于身体造成的伤残不能从事工伤前的工作，只能从事劳动强度相对较弱、岗位工资、奖金可能相对少的工作，有的甚至不得不退出生产、工作岗位，不能像正常职工那样获取工资报酬，而只能依靠领取工伤保险待遇维持基本生活。

第二十二条　劳动能力鉴定等级

劳动能力鉴定是指劳动功能障碍程度和生活自理障碍程度的等级鉴定。

劳动功能障碍分为十个伤残等级，最重的为一级，最轻的为十级。

生活自理障碍分为三个等级：生活完全不能自理、生活大部分不能自理和生活部分不能自理。

劳动能力鉴定标准由国务院社会保险行政部门会同国务院卫生行政部门等部门制定。

● **相关规定**

《劳动能力鉴定　职工工伤与职业病致残等级》（GB/T 16180—2014）

第二十三条　申请鉴定的主体、受理机构、申请材料

劳动能力鉴定由用人单位、工伤职工或者其近亲属向设区的市级劳动能力鉴定委员会提出申请，并提供工伤认定决定和职工工伤医疗的有关资料。

● **条文注释**

1. 劳动能力鉴定的申请主体。（1）用人单位，即工伤职工所在单位。职工发生事故伤害后，为职工申请工伤认定、劳动能力鉴定，是单位的法定责任。（2）工伤职工，即因工受到事故伤害被认定为工伤的职工。（3）职工的近亲属。一般包括：配偶、子女、父母、兄弟姐妹、祖父母、外祖父母。

2. 劳动能力鉴定的受理机构。我国的劳动能力鉴定机构为劳动能

力鉴定委员会。劳动能力鉴定委员会分为设区的市级劳动能力鉴定委员会和省、自治区、直辖市劳动能力鉴定委员会两级，由设区的市级劳动能力鉴定委员会受理劳动能力的初次鉴定申请。

3. 劳动能力鉴定的申请材料。（1）工伤认定决定，即由社会保险行政部门根据国家规定，确定职工受伤或者职业病是否属于工伤范围，是否符合工伤条件的书面决定。（2）职工工伤医疗的有关资料，即职工受到事故伤害或者患职业病，到医疗机构进行治疗过程中，由医院记载的有关负伤职工的病情、病志、治疗情况等资料。劳动能力鉴定机构据此审查负伤职工的伤情是否处于稳定状态，能否进行劳动能力鉴定。

● **典型案例**

邓某龙诉某市社会保险基金管理局工伤保险待遇决定案（《最高人民法院公报》2019 年第 11 期）

邓某鹏于 2010 年 12 月 12 日被诊断为职业病（急性淋巴白细胞白血病），随后某市人力资源和社会保障局对邓某鹏认定为工伤。2013 年 2 月 7 日，某市劳动能力鉴定委员会出具《劳动能力鉴定结论》，认定邓某鹏受伤时间为 2010 年 12 月 12 日，受伤部位为全身多处，邓某鹏构成五级伤残，医疗终结期为 2012 年 12 月 12 日。2016 年 2 月 4 日，邓某鹏白血病复发入院治疗，某市劳动能力鉴定委员会于 2016 年 3 月 2 日出具《工伤复发确认意见》，确认邓某鹏属于工伤复发，医疗期为 2016 年 2 月 4 日至 8 月 4 日，邓某鹏于 2016 年 4 月 13 日去世。2016 年 5 月 9 日，被告某市社会保险基金管理局（以下简称某市社保局）受理了原告邓某龙作为家属向某市社保局提出的工伤待遇申请，邓某龙要求某市社保局支付医疗费、鉴定费、住院伙食费、丧葬补助金、供养亲属抚恤金和一次性工亡补助金，某市社保局于 2016 年 6 月 23 日作出《某市工伤保险待遇决定书》，同意支付旧伤复发医疗费、鉴定费、住院伙食补贴共计 8195.15 元，不同意支付丧葬补助金、供养亲属抚恤金和一次性工亡补助金。邓某龙不服，遂提起本案行政诉讼。

本案一审的争议焦点为：1. 邓某鹏因工伤已享有过二十四个月停工留薪期，其旧伤复发后，能否重新享受停工留薪期；2. 邓某鹏已作出伤残鉴定，停工留薪期满后，工伤复发期间死亡，能否直接适用因工死亡的相关规定。

深圳市盐田区人民法院一审认为：首先，根据《广东省工伤保险条例》第三十六条的规定，工伤职工工伤复发，确认需要治疗的，享受本条例第二十五条、第二十六条和第二十八条规定的工伤待遇。上述三条规定，均是针对治疗工伤方面的内容，其中第二十六条明确规定，停工留薪期最长不超过二十四个月；工伤职工在鉴定伤残等级后仍需治疗的，五级至十级伤残，可以享受停工留薪期待遇。即工伤职工的停工留薪期最多为二十四个月，同时，享受停工留薪期待遇并非等同享受停工留薪期，即不能据此得出享受停工留薪期待遇便是享受停工留薪期的结论。本案中，邓某鹏受伤时间为 2010 年 12 月 12 日，医疗终结期为 2012 年 12 月 12 日，即其在二十四个月的停工留薪期已满后，旧伤复发，可以享受停工留薪期待遇，但不能再享受停工留薪期。被告某市社保局根据上述规定认定邓某鹏不再重复享有停工留薪期，并无不当。其次，根据《广东省工伤保险条例》第三十七条的规定，职工因工死亡，其近亲属可以享有相关补助金等待遇的情形有三种，其中，第一款针对的是非伤残职工，第二款及第三款针对的是伤残职工。本案中，邓某鹏系伤残职工，其应当适用伤残职工的规定。第三款明确规定：一级至四级伤残职工在停工留薪期满后死亡的，其近亲属可以享受丧葬补助金、供养亲属抚恤金。据此可以推断，该种情况下，其他等级伤残职工的近亲属不享受丧葬补助金、供养亲属抚恤金。邓某鹏系在停工留薪期满后死亡，其伤残等级为五级，不符合《广东省工伤保险条例》第三十七条第三款的相关规定。被告根据上述规定认定邓某鹏的近亲属不享有相关补助金等待遇，并无不当。综上所述，被告作出的《某市工伤保险待遇决定书》证据确凿，适用法律、法规正确，符合法定程序，原告邓某龙诉请撤销该决定书，理由不成立，法院不予支持。

深圳市盐田区人民法院依照《中华人民共和国行政诉讼法》第六十九条之规定，于 2016 年 8 月 30 日作出判决：驳回原告邓某龙的诉讼请求。邓某龙不服一审判决，向广东省深圳市中级人民法院提起上诉。广东省深圳市中级人民法院经二审，确认了一审查明的事实。

广东省深圳市中级人民法院二审认为：本案二审的争议焦点为：1. 已经享有过 24 个月停工留薪期的伤残职工，工伤复发后能否重新享受停工留薪期；2. 伤残职工在工伤复发治疗期间死亡，其近亲属应否享受丧葬补助金、供养亲属抚恤金和一次性工亡补助金。

对上述问题，国务院《工伤保险条例》第三十三条规定："职工因工作遭受事故伤害或者患职业病需要暂停工作接受工伤医疗的，在停工留薪期内，原工资福利待遇不变，由所在单位按月支付。停工留薪期一般不超过 12 个月。伤情严重或者情况特殊，经设区的市级劳动能力鉴定委员会确认，可以适当延长，但延长不得超过 12 个月。工伤职工评定伤残等级后，停发原待遇，按照本章的有关规定享受伤残待遇。工伤职工在停工留薪期满后仍需治疗的，继续享受工伤医疗待遇。生活不能自理的工伤职工在停工留薪期需要护理的，由所在单位负责。"据此，工伤职工的停工留薪期一般不超过 12 个月，伤情严重或者情况特殊，经设区的市级劳动能力鉴定委员会确认，可以适当延长至 24 个月。国务院《工伤保险条例》第三十八条同时规定："工伤职工工伤复发，确认需要治疗的，享受本条例第三十条、第三十二条和第三十三条规定的工伤待遇。"据此，工伤职工工伤复发的，在其已经享受的停工留薪期的基础上，另外仍可根据《工伤保险条例》第三十三条的规定享受停工留薪期待遇。此外，《广东省工伤保险条例》第二十六条第一款、第二款规定："职工因工伤需要暂停工作接受工伤医疗的，在停工留薪期内，原工资福利待遇不变，由所在单位按月支付。停工留薪期根据医疗终结期确定，由劳动能力鉴定委员会确认，最长不超过二十四个月。工伤职工鉴定伤残等级后，停发原待遇，按照本章的有关规定享受伤残待遇。工伤职工在鉴定伤残等级后仍需治疗的，经劳动能力鉴定委员会批准，一级至四级伤残，享受伤残津贴和工伤医疗待遇；五级至十级伤残，享受工伤医疗和停工留薪期待遇。"由此，在广东省行政辖区内，工伤职工的停工留薪期应根据劳动能力鉴定委员会确认的医疗终结期确定，最长不超过二十四个月。《广东省工伤保险条例》第三十六条还规定"工伤职工工伤复发，确认需要治疗的，享受本条例第二十五条、第二十六条和第二十八条规定的工伤待遇"。故，根据以上行政法规和地方性法规的相关规定，2016 年 2 月邓某鹏工伤复发，最长可享受 24 个月的停工留薪期待遇。某市劳动能力鉴定委员会已于 2016 年 3 月 2 日出具了《工伤复发确认意见》，确认邓某鹏属于工伤复发，医疗期为 2016 年 2 月 4 日至 8 月 4 日，某市劳动能力鉴定委员会确定的上述邓某鹏工伤复发医疗期 6 个月，即属于停工留薪期。邓某鹏在某市劳动能力鉴定委员会确定的工伤复发医疗期期间死亡，属于在停工留薪期内因工伤导致死亡。被上诉人某市社保局认为职工遭受工伤后（包括旧伤复发）

可以享受的停工留薪期前后累计最长不能超过 24 个月，邓某鹏于 2010 年 12 月受工伤后已经享受过 24 个月停工留薪期，故其 2016 年 2 月工伤复发后不能再享受停工留薪期，以上主张不仅有悖国务院《工伤保险条例》第三十八条、《广东省工伤保险条例》第三十六条之规定，而且会造成损害伤情严重、职业病病情严重的工伤职工权益的后果，不予支持。根据国务院《工伤保险条例》第三十九条第一款"职工因工死亡，其近亲属按照下列规定从工伤保险基金领取丧葬补助金、供养亲属抚恤金和一次性工亡补助金：（一）丧葬补助金为 6 个月的统筹地区上年度职工月平均工资；（二）供养亲属抚恤金按照职工本人工资的一定比例发给由因工死亡职工生前提供主要生活来源、无劳动能力的亲属。标准为：配偶每月 40%，其他亲属每人每月 30%，孤寡老人或者孤儿每人每月在上述标准的基础上增加 10%。核定的各供养亲属的抚恤金之和不应高于因工死亡职工生前的工资。供养亲属的具体范围由国务院社会保险行政部门规定；（三）一次性工亡补助金标准为上一年度全国城镇居民人均可支配收入的 20 倍"第二款"伤残职工在停工留薪期内因工伤导致死亡的，其近亲属享受本条第一款规定的待遇"以及《广东省工伤保险条例》第三十七条第一款、第二款之规定，邓某鹏在工伤复发治疗期间死亡后，其近亲属应享受丧葬补助金、供养亲属抚恤金和一次性工亡补助金。被上诉人某市社保局应向邓某鹏的近亲属核发丧葬补助金、供养亲属抚恤金和一次性工亡补助金。某市社保局作出的被诉工伤保险待遇决定因对上述相关法规的规定理解错误，导致错误适用法律和处理不当，依法予以撤销；某市社保局应针对上诉人邓某龙的工伤保险待遇申请重新作出处理决定。一审判决认定事实清楚，但错误理解和适用法律，应予以纠正。

综上，深圳市中级人民法院判决：1. 撤销深圳市盐田区人民法院（2016）粤 0308 行初 1190 号行政判决；2. 撤销某市社会保险基金管理局作出的《某市工伤保险待遇决定书》具体行政行为；3. 责令某市社会保险基金管理局自本判决生效之日起 30 日内对邓某龙的工伤保险待遇申请重新作出处理决定。

第二十四条　鉴定委员会人员构成、专家库

省、自治区、直辖市劳动能力鉴定委员会和设区的市级劳动能力鉴定委员会分别由省、自治区、直辖市和设区的市级社会保险行政部门、卫生行政部门、工会组织、经办机构代表以及用人单位代表组成。

劳动能力鉴定委员会建立医疗卫生专家库。列入专家库的医疗卫生专业技术人员应当具备下列条件：

（一）具有医疗卫生高级专业技术职务任职资格；

（二）掌握劳动能力鉴定的相关知识；

（三）具有良好的职业品德。

第二十五条　鉴定步骤、时限

设区的市级劳动能力鉴定委员会收到劳动能力鉴定申请后，应当从其建立的医疗卫生专家库中随机抽取 3 名或者 5 名相关专家组成专家组，由专家组提出鉴定意见。设区的市级劳动能力鉴定委员会根据专家组的鉴定意见作出工伤职工劳动能力鉴定结论；必要时，可以委托具备资格的医疗机构协助进行有关的诊断。

设区的市级劳动能力鉴定委员会应当自收到劳动能力鉴定申请之日起 60 日内作出劳动能力鉴定结论，必要时，作出劳动能力鉴定结论的期限可以延长 30 日。劳动能力鉴定结论应当及时送达申请鉴定的单位和个人。

第二十六条 再次鉴定

申请鉴定的单位或者个人对设区的市级劳动能力鉴定委员会作出的鉴定结论不服的，可以在收到该鉴定结论之日起 15 日内向省、自治区、直辖市劳动能力鉴定委员会提出再次鉴定申请。省、自治区、直辖市劳动能力鉴定委员会作出的劳动能力鉴定结论为最终结论。

● 条文注释

1. 再次鉴定的申请时限

再次鉴定的申请时限为收到鉴定结论之日起 15 日内，也就是说，如果申请人在 15 日内没有提出再次鉴定申请，设区的市级劳动能力鉴定委员会作出的劳动能力鉴定结论就具有法律效力。对于已经具有法律效力的鉴定结论，当事人不能提出再次鉴定的申请。这时申请人如果仍向上一级劳动能力鉴定委员会提出申请的，上一级劳动能力鉴定委员会可以以超过时效为由不予受理。

2. 再次鉴定申请的受理机构

受理再次鉴定申请的机构为省、自治区、直辖市劳动能力鉴定委员会。省、自治区、直辖市劳动能力鉴定委员会作出的劳动能力鉴定结论为劳动能力鉴定委员会鉴定程序中的最终结论。

《人力资源社会保障行政复议办法》第 8 条

第二十七条　鉴定工作原则、回避制度

　　劳动能力鉴定工作应当客观、公正。劳动能力鉴定委员会组成人员或者参加鉴定的专家与当事人有利害关系的，应当回避。

● 条文注释

　　本条的"回避"，主要是指为确保劳动能力鉴定工作的客观、公正，经当事人申请，对与当事人或申请人有利害关系的劳动能力鉴定委员会成员或者参加鉴定的医疗专家，要求其回避，不得参与劳动能力鉴定工作。这里的"利害关系"，是指劳动能力鉴定委员会成员或者参加鉴定的医疗专家，与当事人有亲属关系，同学、同事关系，或其他诸如财产利益等关系。

第二十八条　复查鉴定

　　自劳动能力鉴定结论作出之日起 1 年后，工伤职工或者其近亲属、所在单位或者经办机构认为伤残情况发生变化的，可以申请劳动能力复查鉴定。

第二十九条　再次鉴定和复查鉴定的时限

　　劳动能力鉴定委员会依照本条例第二十六条和第二十八条的规定进行再次鉴定和复查鉴定的期限，依照本条例第二十五条第二款的规定执行。

第五章　工伤保险待遇

第三十条　工伤职工的治疗

职工因工作遭受事故伤害或者患职业病进行治疗，享受工伤医疗待遇。

职工治疗工伤应当在签订服务协议的医疗机构就医，情况紧急时可以先到就近的医疗机构急救。

治疗工伤所需费用符合工伤保险诊疗项目目录、工伤保险药品目录、工伤保险住院服务标准的，从工伤保险基金支付。工伤保险诊疗项目目录、工伤保险药品目录、工伤保险住院服务标准，由国务院社会保险行政部门会同国务院卫生行政部门、食品药品监督管理部门等部门规定。

职工住院治疗工伤的伙食补助费，以及经医疗机构出具证明，报经办机构同意，工伤职工到统筹地区以外就医所需的交通、食宿费用从工伤保险基金支付，基金支付的具体标准由统筹地区人民政府规定。

工伤职工治疗非工伤引发的疾病，不享受工伤医疗待遇，按照基本医疗保险办法处理。

工伤职工到签订服务协议的医疗机构进行工伤康复的费用，符合规定的，从工伤保险基金支付。

● *条文注释*

1. 工伤医疗待遇包括：（1）治疗工伤所需的挂号费、医疗费、药费、住院费等费用符合工伤保险诊疗项目目录、工伤保险药品目录、工伤保险住院服务标准的，从工伤保险基金中支付；（2）工伤职工治疗工伤需要住院的，职工住院治疗工伤的伙食补助费，以及经医疗机构出具证明，报经办机构同意，工伤职工到统筹地区以外就医所需的交通、食宿费用从工伤保险基金支付，基金支付的具体标准由统筹地区人民政府规定；（3）工伤职工需要停止工作接受治疗的，享受停工留薪期待遇，停工留薪期满后，需要继续治疗的，继续享受第（1）、（2）项工伤医疗待遇。

2. 工伤医疗机构。工伤职工因工负伤或者患职业病进行治疗（包括康复性治疗）应当前往签订服务协议的医疗机构就医，情况紧急时可以先到就近的医疗机构急救；工伤职工确需跨统筹地区就医的，须由医疗机构出具证明，并经经办机构同意。工伤职工跨统筹地区就医所发生的费用，可先由工伤职工或所在单位垫付，经社会保险经办机构复核后，按本统筹地区有关规定结算。

● *相关规定*

《最高人民法院关于确定民事侵权精神损害赔偿责任若干问题的解释》

第三十一条 **复议和诉讼期间不停止支付医疗费用**

社会保险行政部门作出认定为工伤的决定后发生行政复议、行政诉讼的，行政复议和行政诉讼期间不停止支付工伤职工治疗工伤的医疗费用。

第三十二条 **配置辅助器具**

工伤职工因日常生活或者就业需要，经劳动能力鉴定委员会确认，可以安装假肢、矫形器、假眼、假牙和配置轮椅等辅助器具，所需费用按照国家规定的标准从工伤保险基金支付。

● 条文注释

工伤职工配置辅助器具应当经劳动能力鉴定委员会确认，其所需费用才能从工伤保险基金中支付。结合本条例第 47 条规定，社会保险经办机构对辅助器具配置机构以签订服务协议的方式进行管理，引入竞争机制，促使辅助器具配置机构提高服务质量。工伤职工如需配置辅助器具，应到与社会保险经办机构签订服务协议的机构、按照国家规定的有关标准配置辅助器具，对于辅助器具配置机构提供的一些不合理的配置应当拒绝，对违反有关标准配置辅助器具的费用，工伤保险基金不予支付。

关于辅助器具的种类，在实际生活中具体有以下几类：（1）假肢，包括上肢假肢和下肢假肢。上肢假肢如假手等，下肢假肢如小腿、大腿假肢、髋离断假肢、膝离断假肢等。（2）矫形器，如脊柱过伸矫形器、肩外展矫形器、膝部矫形器、膝踝足矫形器、脊柱侧凸矫形器、矫形鞋、矫形鞋垫等。（3）假眼。（4）假牙。（5）轮椅。（6）步行器、手杖等日常生活或就业需要的辅助器具。

● 实用问答

问：工伤职工申请配置辅助器具应提交哪些材料？

答：工伤职工认为需要配置辅助器具的，可以向劳动能力鉴定委员会提出辅助器具配置确认申请，并提交下列材料：（1）居民身份证或者社会保障卡等有效身份证明原件；（2）有效的诊断证明、按照医疗机构病历管理有关规定复印或者复制的检查、检验报告等完整病历材料。工伤职工本人因身体等原因无法提出申请的，可由其近亲属或者用人单位代为申请。

第三十三条　工伤治疗期间待遇

职工因工作遭受事故伤害或者患职业病需要暂停工作接受工伤医疗的，在停工留薪期内，原工资福利待遇不变，由所在单位按月支付。

停工留薪期一般不超过 12 个月。伤情严重或者情况特殊，经设区的市级劳动能力鉴定委员会确认，可以适当延长，但延长不得超过 12 个月。工伤职工评定伤残等级后，停发原待遇，按照本章的有关规定享受伤残待遇。工伤职工在停工留薪期满后仍需治疗的，继续享受工伤医疗待遇。

生活不能自理的工伤职工在停工留薪期需要护理的，由所在单位负责。

● **条文注释**

停工留薪期，是指职工因工负伤或者患职业病停止工作接受治疗并享受有关待遇的期限。停工留薪期的时间，由已签订服务协议的治疗工伤的医疗机构提出意见，经劳动能力鉴定委员会确认并通知有关单位和工伤职工。

● **实用问答**

1. 问：**工伤职工享受哪些工伤保险待遇?**[①]

答：应当由用人单位支付的工伤保险待遇包括：停工留薪期的工资福利待遇，停工留薪期间的生活护理费用，五级、六级伤残职工的伤残津贴，终止或解除劳动关系时的一次性伤残就业补助金。

[①] 《"工伤"如何认定？工伤职工享受哪些工伤保险待遇?》，载北京政法网，https：//www.bj148.org/fw/xzwd/202103/t20210325_1602633.html，最后访问时间：2023 年 12 月 2 日。

应当由工伤保险基金支付的工伤保险待遇包括：工伤医疗费、住院伙食补助费、生活护理费、一次性伤残补助金、一次性工伤医疗补助金、一级至四级工伤职工伤残津贴、丧葬补助金、一次性工亡补助金等费用。

如果用人单位未为职工缴纳工伤保险费的，那么工伤职工应当享受的工伤保险待遇，由用人单位按照规定的项目和标准予以支付。如果用人单位未足额缴纳工伤保险费，用人单位也应支付造成工伤职工享受的工伤保险待遇降低的部分。

2. 问：职工在停工留薪期内的工资福利待遇如何支付？

答：职工在停工留薪期内，除享受工伤医疗待遇外，原工资福利待遇不变，由所在单位发给，生活不能自理需要护理的，由所在单位负责护理。这里所称的原待遇是指职工在受伤或被确诊患职业病前，原用人单位发给职工的按照出勤对待的全部工资和福利待遇。工伤职工评定伤残等级后，停发原待遇，按照本条例第 35 条至第 37 条的规定，享受伤残待遇。

● **典型案例**

1. 万某遭用人单位扣减停工留薪期工资案①

2014 年底，某煤矿经职工代表大会讨论后制定一份安全管理办法，规定员工因违章或自己安全保护不到位造成受伤的，由责任人按职工在伤休期间依国家规定计算出的薪酬标准的 20% 赔偿人力资源损失。该规定已通过培训及考试形式告知全体职工。2015 年 11 月，职工万某在工作中因违章操作受伤。次月 30 日，万某被依法认定为工伤。2016 年 11 月 9 日，万某经劳动能力鉴定为伤残八级。某煤矿根

---

① 《案例 | 职工违章操作造成工伤 用人单位扣减停工留薪期工资是否合法》，载人力资源和社会保障部网站，http://www.mohrss.gov.cn/tjzcgls/TJZCdianxingal/201801/t20180120_287182.html，最后访问时间：2023 年 11 月 17 日。

据医疗机构出具的诊断证明，依法确定万某停工留薪期为6个月，万某无异议；但某煤矿以万某是因违章造成工伤为由，按万某原工资80%（即4000元）为基数计发其停工留薪期工资。万某认为某煤矿应以其原工资5000元为基数计算停工留薪期工资。双方遂发生争议，万某提起劳动争议仲裁。

仲裁结果为：裁决某煤矿支付万某6个月停工留薪期工资差额6000元。

争议焦点为：该公司安全管理办法的上述规定是否合法？某煤矿可否依据上述制度扣减万某的停工留薪期工资？

某煤矿不能依据该规章制度扣减停工留薪期工资。《工伤保险条例》第三十三条第一款规定："职工因工作遭受事故伤害或者患职业病需要暂停工作接受工伤医疗的，在停工留薪期内，原工资福利待遇不变，由所在单位按月支付。"本案中，万某是工伤职工，由于工伤的无过错责任原则，该公司制度要求工伤职工承担过错（或过失）责任，违反《工伤保险条例》第三十三条的规定，应认定为不合法。因此，职工遭受工伤，应由用人单位依法承担工伤保险待遇支付责任。故本案中，该煤矿应依据《工伤保险条例》第三十三条的规定足额支付万某停工留薪期工资。

2. 邓某工伤停工留薪案①

邓某为某食品公司操作工，月工资标准为基本工资3500元及浮动数额的加班工资和提成。2019年12月27日邓某发生工伤，根据工伤保险部门作出的《认定工伤决定书》，邓某受伤害部位名称为：软

① 《工伤职工停工留薪期未满返岗上班，工资如何支付？》，载北京市人力资源和社会保障局网站，https://rsj.beijing.gov.cn/bm/ztzl/dxal/202107/t20210702_2427410.html，最后访问时间：2023年11月17日。

组织损伤小腿肌肉拉伤，××右小腿、腓肠肌断裂（右小腿），对应的停工留薪期为6个月。2020年3月20日，某食品公司询问邓某是否可以上班，邓某回复"可以"，3月26日邓某返岗，某食品公司按照其原工资标准向其支付工资。邓某向劳动争议仲裁委提起劳动仲裁，称其返岗时伤情并未痊愈，仍处于停工留薪期内，要求某食品公司除正常劳动报酬外，另向其支付2020年3月27日至6月26日期间的停工留薪期工资24411元。庭审中，某食品公司辩称邓某已正常上班，其以实际行为表明停工留薪期届满，不应再享受停工留薪期待遇，公司按照邓某正常出勤情况足额支付工资的做法并无不妥。经审查，邓某工伤前12个月的平均工资为8137元，某食品公司按照该标准向邓某支付3个月的停工留薪期工资。2020年3月27日至6月26日期间，某食品公司因邓某工伤伤情未安排其加班，邓某的实发工资数额分别为3900元、3874元、4015元。

裁决结果为某食品公司向邓某支付2020年3月27日至6月26日停工留薪期工资差额12622元。

《工伤保险条例》第三十三条第一款规定：职工因工作遭受事故伤害或者患职业病需要暂停工作接受工伤医疗的，在停工留薪期内，原工资福利待遇不变，由所在单位按月支付。本案中，邓某于2019年12月27日发生工伤，依照相关规定，其应享受的停工留薪期为6个月，即2019年12月27日至2020年6月26日为邓某依法可享有的停工留薪期，此期间某食品公司应按照其受伤前12个月的平均工资支付停工留薪期工资。2020年3月26日邓某虽返岗上班，但依法享受停工留薪期待遇是其作为工伤职工的法定权利，也体现了法律、行政法规对于工伤职工的特别保护；其次，邓某向某食品公司提供了劳动，却造成其获得的工资报酬低于停工留薪期工资待遇，显然有违公

平原则，某食品公司作为受益方，应向邓某支付 2020 年 3 月 27 日至
6 月 26 日停工留薪期工资差额 8137 元×3 个月−3900 元−3874 元−4015
元＝12622 元。邓某要求某食品公司在支付正常劳动报酬外再支付停
工留薪期工资的请求缺乏依据，未得到仲裁委的支持。

第三十四条　生活护理费

> 工伤职工已经评定伤残等级并经劳动能力鉴定委员会确认
> 需要生活护理的，从工伤保险基金按月支付生活护理费。
> 生活护理费按照生活完全不能自理、生活大部分不能自理
> 或者生活部分不能自理 3 个不同等级支付，其标准分别为统筹
> 地区上年度职工月平均工资的 50%、40% 或者 30%。

● 实用问答

问：工伤职工的生活护理费由谁负担？[①]

答： 支付生活护理费主要包括两种情形：一是工伤职工在停工留
薪期生活不能自理而需要护理的；二是工伤职工已经评定伤残等级并
经劳动能力鉴定委员会确认需要生活护理的。依据法律规定，生活不
能自理的工伤职工在停工留薪期需要护理的，由所在单位负责。如果
工伤职工已经评定伤残等级并经劳动能力鉴定委员会确认需要生活护
理的，从工伤保险基金按月支付生活护理费。生活护理费按照生活完
全不能自理、生活大部分不能自理或者生活部分不能自理 3 个不同等
级支付，其标准分别为统筹地区上年度职工月平均工资的 50%、
40%、30%。依据上述规定，护理费赔偿由用人单位或从工伤保险基

---

① 《"工伤"如何认定？工伤职工享受哪些工伤保险待遇？》，载北京政法网，https：//www.
bj148.org/fw/xzwd/202103/t20210325_1602633.html，最后访问时间：2023 年 12 月 2 日。

金按月支付，且护理等级不同，支付标准也不同。

● *相关规定*

《劳动能力鉴定 职工工伤与职业病致残等级》（GB/T 16180—2014）

第三十五条　一级至四级工伤待遇

职工因工致残被鉴定为一级至四级伤残的，保留劳动关系，退出工作岗位，享受以下待遇：

（一）从工伤保险基金按伤残等级支付一次性伤残补助金，标准为：一级伤残为 27 个月的本人工资，二级伤残为 25 个月的本人工资，三级伤残为 23 个月的本人工资，四级伤残为 21 个月的本人工资；

（二）从工伤保险基金按月支付伤残津贴，标准为：一级伤残为本人工资的 90%，二级伤残为本人工资的 85%，三级伤残为本人工资的 80%，四级伤残为本人工资的 75%。伤残津贴实际金额低于当地最低工资标准的，由工伤保险基金补足差额；

（三）工伤职工达到退休年龄并办理退休手续后，停发伤残津贴，按照国家有关规定享受基本养老保险待遇。基本养老保险待遇低于伤残津贴的，由工伤保险基金补足差额。

职工因工致残被鉴定为一级至四级伤残的，由用人单位和职工个人以伤残津贴为基数，缴纳基本医疗保险费。

● *实用问答*

1. 问：伤残津贴和基本养老保险的关系？

答：基本养老保险，是指法定范围内的人员，按照规定缴纳基本养老保险费达到一定的年限，达到法定退休年龄，按规定办理退休手续后，享受养老金的一种社会保险制度。

伤残职工办理退休手续后停发伤残津贴，享受基本养老保险。同时，为了保障工伤职工的待遇不因退休而受损失，工伤职工退休后享受的基本养老保险待遇低于伤残津贴的，由工伤保险基金补足差额。

2. 问：劳动合同期满，一级至四级伤残职工的劳动关系如何处理？

答：在本单位患职业病或者因工负伤并被确认丧失或者部分丧失劳动能力的劳动者的劳动合同的终止，要按照国家有关工伤保险的规定执行。也即依据本条，一级至四级伤残职工即便劳动合同期满，用人单位也必须与其保留劳动关系。

● **相关规定**

《劳动能力鉴定 职工工伤与职业病致残等级》（GB/T 16180—2014）

第三十六条 五级至六级工伤待遇

职工因工致残被鉴定为五级、六级伤残的，享受以下待遇：

（一）从工伤保险基金按伤残等级支付一次性伤残补助金，标准为：五级伤残为 18 个月的本人工资，六级伤残为 16 个月的本人工资；

（二）保留与用人单位的劳动关系，由用人单位安排适当工作。难以安排工作的，由用人单位按月发给伤残津贴，标准为：五级伤残为本人工资的 70%，六级伤残为本人工资的 60%，并由用人单位按照规定为其缴纳应缴纳的各项社会保险费。伤残津贴实际金额低于当地最低工资标准的，由用人单位补足差额。

经工伤职工本人提出，该职工可以与用人单位解除或者终止劳动关系，由工伤保险基金支付一次性工伤医疗补助金，由用人单位支付一次性伤残就业补助金。一次性工伤医疗补助金和一次性伤残就业补助金的具体标准由省、自治区、直辖市人民政府规定。

● **典型案例**

1. **伏某生等诉连云港开发区华某市政园林工程公司工伤待遇赔偿纠纷案**（《最高人民法院公报》2018 年第 3 期）

2008 年 12 月 14 日，三原告的亲属伏某山在被告连云港开发区华某市政园林工程公司（以下简称华某公司）从事工作期间发生交通事故受伤。2009 年 12 月 15 日，伏某山向劳动争议仲裁委员会申请劳动仲裁，要求确认其与被告间存在劳动关系，该委以 2010-023 号案件终止审理确认书确认终止该案审理。伏某山不服向法院提起诉讼，连云港市连云区人民法院作出（2011）港民初字引×××号民事判决书，判决伏某山与被告间自 2006 年 8 月起至 2010 年 6 月止存在劳动关系。且该判决书已经二审维持原判。伏某山于 2011 年 8 月 30 日被某市人力资源和社会保障局确认系工伤并经某市劳动能力鉴定委员会鉴定为工伤五级。伏某山于 2013 年 3 月 22 日向劳动争议仲裁委员会申请仲裁要求工伤赔偿，该委于 2014 年 9 月 28 日以第 2013-027 号案件终止审理确认书终止对该案件的审理工作。2013 年 12 月 9 日伏某山因病死亡。本案在审理过程中，三原告申请变更诉讼主体参加诉讼。同时查明，伏某山 1955 年 6 月 23 日出生，原告伏某生系其父亲，原告张某花系其妻子，原告伏某军系其儿子。伏某山因同一起交通事故向侵权人提起民事赔偿，于 2009 年 6 月 24 日评残。连云港市连云区人民法院以（2009）港民一初字第 0845 号民事判决书确认原告误工期自伤起至评残前一日。

连云港市连云区人民法院一审认为：本案伏某山一直在主张权利，故本案并未过诉讼时效。企业未达到法定退休年龄的内退人员与新用人单位之间的关系为劳动关系。即使内退职工的原用人单位为其缴纳了工伤保险费，新用人单位亦应自用工之日起为职工办理工伤保险的转移手续并续缴工伤保险费，从而实现分散企业用工风险和保护工伤职工合法权益的立法宗旨。新用人单位未履行该法律义务，劳动者在该单位工作期间发生工伤事故的，依法应当由实际用人单位承担工伤待遇赔偿的法律义务。伏某山与被告华某公司自 2006 年 8 月至 2010 年 6 月存在劳动关系已经由（2011）港民初字第×××号生效民事判决予以确认，伏某山于 2008 年 12 月 14 日在被告从事卫生保洁工作时发生交通事故受伤，被告依法应对伏某山因工伤产生的各项待遇损失承担赔偿责任。伏某山受伤后经某市劳动能力鉴定委员会认定为工伤同时经鉴定为五级伤残，法院予以确认。对伏某山申请仲裁和各项费用，法院认定如下：1. 停工留薪期工资 43700 元。伏某山停工留薪期经（2009）港民一初字第 0845 号民事判决书确认自伤起至评残前一日（伏某山于 2009 年 6 月 24 日评残）。伏某山主张按 12 个月计算未能举证，不予采信。2008 年某市社保缴费基数为 1369 元，伏某山停工留薪期工资应为 8670 元（6 月×1369 元/月＋1369 元/30 天×10 天）。2. 一次性伤残补助金 24642 元。根据伏某山伤残五级，伏某山一次伤残补助金为 24642 元。3. 一次性工伤医疗补助金 69119.4 元。伏某山与被告于 2010 年解除劳动关系，故应按 2009 年某市当地职工平均工资 28212 元/年计算其工伤医疗补助金，根据统计数据当地人口平均寿命为 76 周岁，伏某山一次性工伤医疗补助金应为 69119.4 元。4. 一次性伤残就业补助金 14109 元。伏某山于 2010 年 6 月与被告解除劳动关系已超过 55 周岁，应给予六个月当地职工平均工资，应以 2009 年连云港当地职工平均工资 28212 元/年计算，故对三原告主张的一次性伤残就业补助金 14109 元予以支持。

连云港市连云区人民法院判决被告华某公司于本判决发生法律效力之日起 10 日内支付原告伏某生、张某花、伏某军工伤赔偿金合计 116084.4 元。

华某公司不服，向连云港市中级人民法院提起上诉。连云港市中级人民法院经二审，确认了一审查明的事实。连云港市中级人民法院二审认为：当事人对自己的主张，有责任提供证据。本案中，上诉人华某公司并未提供合法有效的证据证明其主张。《工伤保险条例》第六十四条第二款规定，本条例所称本人工资，是指工伤职工因工作遭受事故伤害或者患职业病前 12 个月平均月缴费工资。一审法院关于 2008 年社保缴费工资基数的认定及相应工伤保险待遇的计算数额均无不当。连云港市中级人民法院判决驳回上诉，维持原判。

2. 某公司解除劳动合同案①

某公司职工刘某 2012 年 11 月 13 日发生工伤，并被鉴定为六级伤残、无护理依赖，停工留薪期在 12 个月基础上不再延长。但 2013 年 11 月 12 日停工留薪期满后，刘某没有上班，也没有按规定办理病假手续。2014 年 5 月，公司给刘某提供了门卫岗位，但刘某以治疗没有结束、不能胜任该岗位为由拒绝上班。2015 年 9 月 22 日，公司再次向刘某送达了工作安排通知，提供办公室保卫科保卫员（总厂区）、办公室保卫科保卫员（铸造厂区）、宿舍管理员和浴池管理员 4 个工

---

① 《案例 | 工伤职工严重违反规章制度，可以解除劳动合同吗？》，载人力资源和社会保障部网站，http://www.mohrss.gov.cn/tjzcgls/TJZCdianxingal/201712/t20171206_283156.html，最后访问时间：2023 年 11 月 17 日。

作岗位供刘某选择，并要求其于 2015 年 9 月 26 日报到。刘某书面回复公司，以腿部受伤严重、不能久坐及头部创伤记忆力下降、不能握笔等理由拒绝，要求公司另行安排其他岗位，且没有按时报到，也未提供医院的证明材料。2015 年 10 月 15 日，公司以刘某不选择岗位、不按照规定时间到岗上班，连续旷工 19 日为由，依据《劳动合同法》和公司制度，解除了与刘某的劳动合同。刘某申请了劳动争议仲裁，要求裁决公司解除劳动合同的决定无效，恢复劳动关系，公司按月支付伤残津贴。

裁决结果为：驳回刘某的仲裁请求。

争议焦点为：本案中，用人单位与其解除劳动合同是否违法？

根据《工伤保险条例》，职工因工致残被鉴定为六级伤残的，保留与用人单位的劳动关系，由用人单位安排适当工作。难以安排工作的，由用人单位按月发给伤残津贴。经工伤职工本人提出，该职工可以与用人单位解除或者终止劳动关系。本案中，公司前后两次累计提供 5 个工作岗位给刘某，刘某均称不能胜任，且不请假连续缺岗。在这种情况下，公司是否必须保留与刘某的劳动关系，有两种截然相反的观点。

第一种观点认为，基于对劳动者权益的保护，经鉴定为六级伤残的刘某，享受法定的工伤保险待遇。除非刘某本人提出解除劳动合同，否则公司不得与其解除劳动合同。

第二种观点认为，只有在公司难以为刘某安排工作时，才支付伤残津贴。在公司已经多次提供工作岗位的情况下，刘某仍以不能胜任为由拒不到岗，属于严重违反公司规章制度，公司可以依法解除劳动合同。仲裁院支持了第二种观点。理由有三：一是公司"难以安排工作"的客观事实不存在。刘某停工留薪期满后半年公司为其安排门卫岗位，刘某未到岗上班亦一直未提交病假单。公司于刘某受伤近 3 年后根据劳动能力鉴定结果及其恢复情况，向其提供 4 个工作岗位供其选择，以安排其从事力所能及的工作，因此，公司已经履行了法律规定的义务。二是刘某拒不上岗的理由缺乏医学证明。刘某拒绝上班，虽然是以身体状况不适、不能胜任工作为由，但未能提供医院的证明材料。值得注意的是，"难以安排工作"不同于"不能胜任工作"，前者强调的是用人单位因企业生产经营特点、工作岗位性质而在安排工作时难以提供就职岗位；后者强调的是劳动者因身体条件、个人原因无法完成用人单位的生产劳动任务，原劳动部《关于〈劳动法〉若干条文的说明》对"不能胜任工作"表述为："不能按要求完成劳动合同中约定的任务或者同工种、同岗位人员的工作量。"因此，刘某需要经医疗机构出具相关医学证明，或者经本人到岗工作实践证明，确实不能胜任工作，才可以要求公司更换工作岗位或者发放伤残津贴。三是刘某不履行请假程序、缺岗旷工事实存在，公司依法解除劳动合同并无不当。刘某接到公司的工作安排通知后，并没有按照要求报到，而是书面回复公司，此类回复是刘某就工作岗位安排的书面意见，并不是请假条。只要刘某与公司存在劳动关系，刘某就应遵守公司的管理制度，按时报到，再行协商工作事宜；如不能按时报到，需向公司请假。直至 2015 年 10 月 15 日，刘某一直没有报到，已经构成旷工 19 天，严重违反了公司规定。因此，公司解除劳动合同有理有据。综上，《工伤保险条例》赋予了工伤职工相应的待遇，但这也不意味着工伤职工可以不遵守用人单位的规章制度。尊重法律、尊重用人单位的用工自主权，是合理维权的前提，也是劳动关系得以和谐延续的保障。

● **相关规定**

《劳动能力鉴定 职工工伤与职业病致残等级》（GB/T 16180—2014）

七级至十级工伤待遇

职工因工致残被鉴定为七级至十级伤残的，享受以下待遇：

（一）从工伤保险基金按伤残等级支付一次性伤残补助金，标准为：七级伤残为 13 个月的本人工资，八级伤残为 11 个月的本人工资，九级伤残为 9 个月的本人工资，十级伤残为 7 个月的本人工资；

（二）劳动、聘用合同期满终止，或者职工本人提出解除劳动、聘用合同的，由工伤保险基金支付一次性工伤医疗补助金，由用人单位支付一次性伤残就业补助金。一次性工伤医疗补助金和一次性伤残就业补助金的具体标准由省、自治区、直辖市人民政府规定。

● *典型案例*

冯某申请一次性伤残就业补助金和经济补偿案[①]

2009 年 3 月 1 日，冯某入职某公司钨锡矿从事井下采矿工作。2015 年 6 月 16 日，冯某在井下作业时因工作遭受事故伤害。后经社会保险行政部门认定为工伤，经劳动能力鉴定委员会鉴定为八级伤残。2017 年 2 月 28 日，因双方签订的劳动合同期限届满，公司终止冯某的劳动合同并依法支付了冯某的全部工伤待遇，但拒绝支付冯某提出的经济补偿要求。于是，冯某申请劳动争议仲裁。

庭审时，公司认为，依据劳动合同法第四十五条规定，工伤职工劳动合同的终止是按照国家有关工伤保险的规定执行。而《工伤保险

---

① 《案例丨工伤职工因单位终止劳动合同，能否获得经济补偿？》，载人力资源和社会保障部网站，http://www.mohrss.gov.cn/xxgk2020/fdzdgknr/ldgx_4234/ldrsdjzc/201804/t20180420_292739.html，最后访问时间：2023 年 11 月 17 日。

条例》规定，劳动合同期满的，单位可以终止工伤职工劳动合同，但未规定要支付经济补偿。公司已经支付了一次性伤残就业补助金，如再支付经济补偿，违背了"一事二罚"的原则。冯某则认为，《工伤保险条例》虽未明确规定要支付经济补偿，但劳动合同法第四十五条、第四十六条规定了劳动合同期满终止劳动合同应当支付经济补偿。因此，一次性伤残就业补助金和经济补偿可以兼得。

争议焦点为：一次性伤残就业补助金和经济补偿是否可以兼得？

处理结果为：仲裁委员会支持了冯某的仲裁请求。

本案中，公司混淆了一次性伤残就业补助金和经济补偿两个不同的法律关系。一次性伤残就业补助金是工伤待遇，是对工伤职工丧失劳动能力而影响就业的一种补偿，属于《工伤保险条例》的调整范畴。经济补偿是解除或者终止劳动合同时对劳动者在本单位工作年限的经济补偿，属于劳动合同法的调整范畴。

● 相关规定

《劳动能力鉴定 职工工伤与职业病致残等级》(GB/T 16180—2014)

第三十八条　旧伤复发待遇

工伤职工工伤复发，确认需要治疗的，享受本条例第三十条、第三十二条和第三十三条规定的工伤待遇。

● 条文注释

工伤职工工伤复发，是指职工因工伤事故或患职业病，经过医疗机构采取必要的诊断治疗，包括病情检查、确诊、药物治疗、手术治疗等医疗措施，确定工伤职工病情痊愈，可以终结医疗，终止停工留薪期，经过劳动能力鉴定委员会确定伤残等级或者正处于劳动能力鉴定过程中，工伤职工原有病情不同程度地重新发作。

工伤职工工伤复发，确认需要治疗的，可以按照第 30 条的规定享受工伤医疗待遇；需要暂停工作接受工伤医疗的，可以按照第 33 条的规定享受停工留薪期待遇；需要配置辅助器具的，可以按照第 32 条的规定配置，所需费用按照国家规定标准从工伤保险基金支付。

● **相关规定**

《劳动和社会保障部关于实施〈工伤保险条例〉若干问题的意见》

第三十九条　工亡待遇

职工因工死亡，其近亲属按照下列规定从工伤保险基金领取丧葬补助金、供养亲属抚恤金和一次性工亡补助金：

（一）丧葬补助金为 6 个月的统筹地区上年度职工月平均工资；

（二）供养亲属抚恤金按照职工本人工资的一定比例发给由因工死亡职工生前提供主要生活来源、无劳动能力的亲属。标准为：配偶每月 40%，其他亲属每人每月 30%，孤寡老人或者孤儿每人每月在上述标准的基础上增加 10%。核定的各供养亲属的抚恤金之和不应高于因工死亡职工生前的工资。供养亲属的具体范围由国务院社会保险行政部门规定；

（三）一次性工亡补助金标准为上一年度全国城镇居民人均可支配收入的 20 倍。

伤残职工在停工留薪期内因工伤导致死亡的，其近亲属享受本条第一款规定的待遇。

一级至四级伤残职工在停工留薪期满后死亡的，其近亲属可以享受本条第一款第（一）项、第（二）项规定的待遇。

● 条文注释

职工因工死亡，主要是指职工因工伤事故、职业中毒直接导致的死亡，经抢救治疗无效后的死亡以及在停工留薪期内治疗中的死亡。

● 实用问答

问：因工死亡职工供养亲属享受抚恤金待遇的资格如何确定？

答：职工因工死亡，其供养亲属享受抚恤金待遇的资格，按职工因工死亡时的条件核定。因工死亡职工供养亲属享受抚恤金待遇的资格，由统筹地区社会保险经办机构核定。因工死亡职工供养亲属的劳动能力鉴定，由因工死亡职工生前单位所在地设区的市级劳动能力鉴定委员会负责。

● 典型案例

李某超时加班发生工伤案①

2017年8月，某服务公司（已依法取得劳务派遣行政许可）与某传媒公司签订劳务派遣协议，约定某服务公司为某传媒公司提供派遣人员，每天工作11小时，每人每月最低保底工时286小时。2017年9月，某服务公司招用李某并派遣至某传媒公司工作，未为李某缴纳工伤保险。2018年8月、9月、11月，李某月工时分别为319小时、293小时、322.5小时，每月休息日不超过3日。2018年11月30日，李某工作时间为当日20时30分至12月1日8时30分。李某于12月1日凌晨5时30分晕倒在单位卫生间，经抢救无效于当日死亡，死亡原因为心肌梗死等。2018年12月，某传媒公司与李某近亲属惠某等签订赔偿协议，约定某传媒公司支付惠某等工亡待遇42万元，

---

① 《案例1劳动者超时加班发生工伤，用工单位、劳务派遣单位是否承担连带赔偿责任》，载人力资源和社会保障部网站，http://www.mohrss.gov.cn/SYrlzyhshbzb/ztzl/ldrszytjzc/dxal/2023 05/t20230515_500038.html，最后访问时间：2023年11月17日。

惠某等不得再就李某工亡赔偿事宜或在派遣工作期间享有的权利，向某传媒公司提出任何形式的赔偿要求。上述协议签订后，某传媒公司实际支付惠某等各项费用计423497.80元。此后，李某所受伤害被社会保险行政部门认定为工伤。某服务公司、惠某等不服仲裁裁决，诉至人民法院。惠某等请求判决某服务公司与某传媒公司连带支付医疗费、一次性工亡补助金、丧葬补助金、供养亲属抚恤金，共计1193821元。某服务公司请求判决不应支付供养亲属抚恤金；应支付的各项赔偿中应扣除某传媒公司已支付款项；某传媒公司承担连带责任。

　　一审法院判决：按照《工伤保险条例》，因用人单位未为李某参加工伤保险，其工亡待遇由用人单位全部赔偿。某服务公司和某传媒公司连带赔偿惠某等医疗费、一次性工亡补助金、丧葬补助金、供养亲属抚恤金合计766911.55元。某传媒公司不服，提起上诉。二审法院判决：驳回上诉，维持原判。

　　本案的争议焦点是李某超时加班发生工伤，用工单位与劳务派遣单位是否应承担连带赔偿责任。《中华人民共和国劳动法》第三十八条规定："用人单位应当保证劳动者每周至少休息一日。"第四十一条规定："用人单位由于生产经营需要，经与工会和劳动者协商后可以延长工作时间，一般每日不得超过一小时；因特殊原因需要延长工作时间的，在保障劳动者身体健康的条件下延长工作时间每日不得超过三小时，但是每月不得超过三十六小时。"《中华人民共和国劳动合同法》第九十二条规定："用工单位给被派遣劳动者造成损害的，劳务派遣单位与用工单位承担连带赔偿责任。"《国务院关于职工工作时间的规定》第三条规定："职工每日工作8小时、每周工作40小时。"休息权是劳动者的基本劳动权利，即使在支付劳动者加班费的情况下，劳动者的工作时间仍然受到法定延长工作时间上限的制约。劳务派遣用工中，劳动者超时加班发生工伤，用工单位和劳务派遣单位对劳动者的损失均负有责任，应承担连带赔偿责任。劳动者与用工单位、劳务派遣单位达成赔偿协议的，当赔偿协议存在违反法律、行政法规的强制性规定、欺诈、胁迫或者乘人之危情形时，不应认定赔偿协议有效；当赔偿协议存在重大误解或者显失公平情形时，应当支持劳动者依法行使撤销权。

本案中，某服务公司和某传媒公司协议约定的被派遣劳动者每天工作时间及每月工作保底工时，均严重超过法定标准。李某工亡前每月休息时间不超过 3 日，每日工作时间基本超过 11 小时，每月延长工作时间超过 36 小时数倍，其依法享有的休息权受到严重侵害。某传媒公司作为用工单位长期安排李某超时加班，存在过错，对李某在工作期间突发疾病死亡负有不可推卸的责任。惠某等主张某传媒公司与某服务公司就李某工伤的相关待遇承担连带赔偿责任，应予支持。惠某等虽与某传媒公司达成了赔偿协议，但赔偿协议是在劳动者未经社会保险行政部门认定工伤的情形下签订的，且赔偿协议约定的补偿数额明显低于法定工伤保险待遇标准，某服务公司和某传媒公司应对差额部分予以补足。

● **相关规定**

《劳动和社会保障部关于实施〈工伤保险条例〉若干问题的意见》；《因工死亡职工供养亲属范围规定》

第四十条 **工伤待遇调整**

伤残津贴、供养亲属抚恤金、生活护理费由统筹地区社会保险行政部门根据职工平均工资和生活费用变化等情况适时调整。调整办法由省、自治区、直辖市人民政府规定。

伤残津贴、供养亲属抚恤金、生活护理费都非一次性待遇，而是长期或者持续一定时期的待遇。为了保证这些待遇水平不因物价上涨等因素而降低，让工伤职工和工亡职工的遗属享受社会经济发展的成果，有必要适时进行调整。

工伤保险实行属地管理，是一项地域性较强的工作。加上职工工资增长、生活费提高、物价指数变化等不是定期的，各地调整的时间不宜固定，本条授权由省、自治区、直辖市人民政府规定调整办法，包括调整的依据、幅度、频率、程序等。

第四十一条　职工抢险救灾、因工外出下落不明时的处理

职工因工外出期间发生事故或者在抢险救灾中下落不明的，从事故发生当月起 3 个月内照发工资，从第 4 个月起停发工资，由工伤保险基金向其供养亲属按月支付供养亲属抚恤金。生活有困难的，可以预支一次性工亡补助金的 50%。职工被人民法院宣告死亡的，按照本条例第三十九条职工因工死亡的规定处理。

第四十二条　停止支付工伤保险待遇的情形

工伤职工有下列情形之一的，停止享受工伤保险待遇：

（一）丧失享受待遇条件的；

（二）拒不接受劳动能力鉴定的；

（三）拒绝治疗的。

● 条文注释

根据本条规定，停止支付工伤保险待遇主要有以下情形：

1. 丧失享受待遇条件。如果工伤职工在享受工伤保险待遇期间情

况发生变化，不再具备享受工伤保险待遇的条件，如劳动能力得以完全恢复而无需工伤保险制度提供保障时，就应当停发工伤保险待遇。此外，工亡职工的亲属，在某些情形下，也将丧失享受有关待遇的条件，如享受抚恤金的工亡职工的子女达到了一定的年龄或就业后，丧失享受遗属抚恤待遇的条件；亲属死亡的，丧失享受遗属抚恤待遇的条件等。

2. 拒不接受劳动能力鉴定。劳动能力鉴定结论是确定不同程度的补偿、合理调换工作岗位和恢复工作等的科学依据。如果工伤职工没有正当理由，拒不接受劳动能力鉴定，一方面工伤保险待遇无法确定，另一方面也表明这些工伤职工并不愿意接受工伤保险制度提供的帮助，鉴于此，就不应再享受工伤保险待遇。

3. 拒绝治疗。提供医疗救治，帮助工伤职工恢复劳动能力、重返社会，是工伤保险制度的重要目的之一，因而职工遭受工伤事故或患职业病后，有享受工伤医疗待遇的权利，也有积极配合医疗救治的义务。如果无正当理由拒绝治疗，就有悖于本条例关于促进职业康复的宗旨。

第四十三条　用人单位分立合并等情况下的责任

用人单位分立、合并、转让的，承继单位应当承担原用人单位的工伤保险责任；原用人单位已经参加工伤保险的，承继单位应当到当地经办机构办理工伤保险变更登记。

用人单位实行承包经营的，工伤保险责任由职工劳动关系所在单位承担。

职工被借调期间受到工伤事故伤害的，由原用人单位承担工伤保险责任，但原用人单位与借调单位可以约定补偿办法。

> 企业破产的，在破产清算时依法拨付应当由单位支付的工伤保险待遇费用。

● *典型案例*

张某兵与上海市某区人力资源和社会保障局工伤认定行政上诉案（《最高人民法院发布工伤保险行政纠纷典型案例》）①

南通六某公司系国某电子（上海）有限公司 A7 厂房工程的承包人，其以《油漆承揽合同》的形式将油漆工程分包给自然人李某某，约定李某某所雇人员应当接受南通六某公司管理。李某某又将部分油漆工程转包给自然人王某某，王某某招用张某兵进行油漆施工。李某某和王某某均无用工主体资格，也无承揽油漆工程的相应资质。2008年3月10日，张某兵在进行油漆施工中不慎受伤。11月10日，劳动仲裁委员会裁决确定张某兵与南通六某公司之间存在劳动关系，但该裁决书未送达南通六某公司。12月29日，张某兵提出工伤认定申请，并提交了劳动仲裁裁决书。上海市某区人力资源和社会保障局立案审查后，认为张某兵受伤符合工伤认定条件，且南通六某公司经告知，未就张某兵所受伤害是否应被认定为工伤进行举证。上海市某区人力资源和社会保障局遂于2009年2月19日认定张某兵受伤为工伤。南通六某公司不服，经复议未果，遂起诉请求撤销上海市某区人力资源和社会保障局作出的工伤认定。

经上海市松江区人民法院一审，上海市第一中级人民法院二审认为，根据劳动和社会保障部《关于确立劳动关系有关事项的通知》（劳社部发

---

① 《最高人民法院发布工伤保险行政纠纷典型案例》，载最高人民法院网站，http：//gongbao. court. gov. cn/Details/1069b65ce7141b0c60142002361206. html？sw＝%e5%b7%a5%e4%bc%a4%e4%bf%9d%e9%99%a9%e8%a1%8c%e6%94%bf%e7%ba%a0%e7%ba%b7，最后访问时间：2023年11月17日。

〔2005〕12号）第四条规定，建筑施工、矿山企业等用人单位将工程（业务）或经营权发包给不具备用工主体资格的组织或自然人，对该组织或自然人招用的劳动者，由具备用工主体资格的发包方承担用工主体责任。本案中，南通六某公司作为建筑施工单位将油漆工程发包给无用工主体资格的自然人李某某，约定李某某所雇用的人员应服从南通六某公司管理。后李某某又将部分油漆工程再发包给王某某，并由王某某招用了上诉人张某兵进行油漆施工。上海市某区人力资源和社会保障局依据上述规定及事实认定上诉人与被上诉人具有劳动关系的理由成立。根据《工伤保险条例》规定，张某兵在南通六某公司承建的厂房建设项目中进行油漆施工不慎受到事故伤害，属于工伤认定范围。据此，维持上海市某区人力资源和社会保障局作出被诉工伤认定的具体行政行为。

第四十四条 派遣出境期间的工伤保险关系

职工被派遣出境工作，依据前往国家或者地区的法律应当参加当地工伤保险的，参加当地工伤保险，其国内工伤保险关系中止；不能参加当地工伤保险的，其国内工伤保险关系不中止。

第四十五条 再次发生工伤的待遇

职工再次发生工伤，根据规定应当享受伤残津贴的，按照新认定的伤残等级享受伤残津贴待遇。

● 条文注释

工伤职工再次发生工伤，与工伤职工工伤复发不同，它是指工伤职工遭受两次或两次以上的工伤事故或患职业病，在前次工伤事故造成的病情经治疗并经劳动能力鉴定委员会鉴定确定伤残等级后，再次遭受工伤事故或患职业病，后者可能产生新病情，也可能加剧工伤职工的原病情。

再次发生工伤的职工在治疗后，须经劳动能力鉴定委员会重新评定伤残等级。如果被重新确定等级，根据规定应当享受伤残待遇的，就要按照新认定的伤残等级享受相应的伤残津贴待遇。

第六章　监督管理

第四十六条　经办机构职责范围

经办机构具体承办工伤保险事务，履行下列职责：

（一）根据省、自治区、直辖市人民政府规定，征收工伤保险费；

（二）核查用人单位的工资总额和职工人数，办理工伤保险登记，并负责保存用人单位缴费和职工享受工伤保险待遇情况的记录；

（三）进行工伤保险的调查、统计；

（四）按照规定管理工伤保险基金的支出；

（五）按照规定核定工伤保险待遇；

（六）为工伤职工或者其近亲属免费提供咨询服务。

● **典型案例**

王某申请一次性伤残补助金、一次性工伤医疗补助金案[①]

王某系某公司员工。因王某在工作中受伤，劳动仲裁委员会作出

[①] 《工伤还未获赔发现用人单位已注销 法院：不影响社会保险经办机构先行支付工伤保险待遇》，载北京政法网，https://www.bj148.org/sa1/yasf1/202305/t20230509_1651416.html，最后访问时间：2023年12月2日。

裁决书，裁决由该公司支付王某一次性伤残补助金及一次性工伤医疗补助金。因某公司未履行裁决书的内容，王某依据裁决书向法院申请强制执行。在执行期间，由于该公司无可供执行的财产，法院裁定终结本次执行程序。2020年7月，王某向社保中心提交《申请书》，申请由工伤保险基金先行支付其一次性伤残补助金、一次性工伤医疗补助金。后社保中心作出《不予先行支付告知书》，告知王某因某公司已于2018年10月经核准注销，其申请不符合先行支付条件，决定不予先行支付。王某不服，诉至法院。

法院认为，本案中，依据我国《社会保险法》第四十一条第一款及《社会保险基金先行支付暂行办法》第六条第二款、第七条的规定，职工所在用人单位未依法缴纳工伤保险费且不支付工伤保险待遇的，职工被认定为工伤后，在用人单位被依法吊销营业执照或者撤销登记、备案的情况下，职工或者其近亲属可以持工伤认定决定书和有关材料向社会保险经办机构书面申请先行支付工伤保险待遇，社会保险经办机构经向用人单位书面催告后，若用人单位在规定期限内不按时足额支付的，工伤保险基金按照规定先行支付，并向用人单位追偿。

本案中，公司被注销后，其股东对注销时未清算的债务依法承担连带责任，社保中心可以向该公司的股东或清算义务人发出催告，并可以在先行支付后向股东或清算义务人等进行追偿，其催告程序和追偿权均可以得到保障。王某的请求符合《社会保险基金先行支付暂行办法》第六条第二款第（四）项的条件，社保中心以用人单位被注销、主体资格灭失为由而认定王某的申请不符合先行支付的法定条件，属对法律的理解有误，故判决撤销社保中心作出的《不予先行支付告知书》，并责令其对王某的申请在法定期限内重新作出处理。

我国《社会保险法》第四十一条第一款的立法精神，旨在发生工伤事故伤害时，最大程度保障劳动者的合法权益和救济途径。《社会保险基金先行支付暂行办法》是在办理和审查程序上的细化，是否符合工伤保险基金先行支付的情形应以《社会保险基金先行支付暂行办法》第六条第二款为依据进行审查，不能以社会保险经办机构是否能够得到实际追偿为前提。此外，用人单位被注销，并不必然等于社会保险经办机构在工伤保险基金先行支付后丧失了求偿权，其可以在先行支付后向原用人单位的股东或清算义务人等进行追偿，亦可以发出催告，程序依然可以得到保障。如果仅以用人单位被注销无法履行书面催告程序为由而不予先行支付，相当于无形中限缩了劳动者的救济权利，为用人单位增加了逃避履行工伤事故赔偿责任的途径，与《社会保险法》的立法精神相悖。

第四十七条 服务协议

经办机构与医疗机构、辅助器具配置机构在平等协商的基础上签订服务协议，并公布签订服务协议的医疗机构、辅助器具配置机构的名单。具体办法由国务院社会保险行政部门分别会同国务院卫生行政部门、民政部门等部门制定。

● 实用问答

1. 问：什么情况下社保机构可以单方解除协议？

答：签订服务协议的医疗机构、康复机构和辅助器具配置机构违反工伤保险管理政策的，社保机构可单方解除协议。

2. 问：工伤保险协议医疗服务费用应由谁来支付？

答：对工伤职工发生的符合工伤保险药品目录、诊疗项目目录和住院服务标准等治理规定的医疗费用和康复费用，包括职工工伤认定前已由医疗保险基金、用人单位或职工个人垫付的工伤医疗费用，由经办机构从工伤保险基金中按规定予以支付。

对于工伤职工治疗非工伤疾病所发生的费用、符合出院条件拒不出院继续发生的费用，未经经办机构批准自行转入其他医疗机构治疗所发生的费用和其他违反工伤保险有关规定的费用，工伤保险基金不予支付。

第四十八条　工伤保险费用的核查、结算

经办机构按照协议和国家有关目录、标准对工伤职工医疗费用、康复费用、辅助器具费用的使用情况进行核查，并按时足额结算费用。

第四十九条　公布基金收支情况、费率调整建议

经办机构应当定期公布工伤保险基金的收支情况，及时向社会保险行政部门提出调整费率的建议。

第五十条　听取社会意见

社会保险行政部门、经办机构应当定期听取工伤职工、医疗机构、辅助器具配置机构以及社会各界对改进工伤保险工作的意见。

第五十一条　对工伤保险基金的监督

社会保险行政部门依法对工伤保险费的征缴和工伤保险基金的支付情况进行监督检查。

财政部门和审计机关依法对工伤保险基金的收支、管理情况进行监督。

第五十二条　群众监督

任何组织和个人对有关工伤保险的违法行为，有权举报。社会保险行政部门对举报应当及时调查，按照规定处理，并为举报人保密。

第五十三条　工会监督

工会组织依法维护工伤职工的合法权益，对用人单位的工伤保险工作实行监督。

● **条文注释**

工会是职工自愿结合的工人阶级的群众组织。按照我国《工会法》第 27 条的规定，职工因工伤亡事故和其他严重危害职工健康问题的调查处理，必须有工会参加。工会应当向有关部门提出处理意见，并有权要求追究直接负责的主管人员和有关责任人员的责任。对工会提出的意见，应当及时研究，给予答复。

第五十四条　工伤待遇争议处理

职工与用人单位发生工伤待遇方面的争议，按照处理劳动争议的有关规定处理。

● **实用问答**

问：职工与用人单位发生工伤待遇方面争议的解决途径？

答：根据《劳动法》及《劳动争议调解仲裁法》有关劳动争议处理的规定，职工与用人单位发生工伤待遇方面的争议后，双方可以协商解决；不愿协商或者协商不成的，可以向调解组织申请调解；调解不成的或达成调解协议后不履行的，可以向劳动争议仲裁委员会申请仲裁，当事人也可以直接向劳动争议仲裁委员会申请仲裁；对仲裁裁决不服的，可以向人民法院起诉。

● **相关规定**

《劳动争议调解仲裁法》

第五十五条 其他工伤保险争议处理

有下列情形之一的，有关单位或者个人可以依法申请行政复议，也可以依法向人民法院提起行政诉讼：

（一）申请工伤认定的职工或者其近亲属、该职工所在单位对工伤认定申请不予受理的决定不服的；

（二）申请工伤认定的职工或者其近亲属、该职工所在单位对工伤认定结论不服的；

（三）用人单位对经办机构确定的单位缴费费率不服的；

（四）签订服务协议的医疗机构、辅助器具配置机构认为经办机构未履行有关协议或者规定的；

（五）工伤职工或者其近亲属对经办机构核定的工伤保险待遇有异议的。

● **相关规定**

《行政复议法》；《行政诉讼法》

第七章 法律责任

第五十六条 挪用工伤保险基金的责任

单位或者个人违反本条例第十二条规定挪用工伤保险基金，构成犯罪的，依法追究刑事责任；尚不构成犯罪的，依法给予处分或者纪律处分。被挪用的基金由社会保险行政部门追回，并入工伤保险基金；没收的违法所得依法上缴国库。

第五十七条　社会保险行政部门工作人员违法违纪责任

社会保险行政部门工作人员有下列情形之一的，依法给予处分；情节严重，构成犯罪的，依法追究刑事责任：

（一）无正当理由不受理工伤认定申请，或者弄虚作假将不符合工伤条件的人员认定为工伤职工的；

（二）未妥善保管申请工伤认定的证据材料，致使有关证据灭失的；

（三）收受当事人财物的。

● **条文注释**

1. "无正当理由不受理工伤认定申请"，是指有管辖权的社会保险行政部门无法定的原因或者其他正当理由而拒不受理工伤认定申请的情形，主要表现为以下方面：（1）申请人提出的工伤认定申请符合法定工伤认定申请条件，社会保险行政部门拒不受理的；（2）申请人提出的工伤认定申请符合法定工伤认定申请条件，社会保险行政部门在法定的受理期限内不予受理的；（3）申请人提交的工伤认定申请材料符合工伤认定申请要求，社会保险行政部门故意设置障碍，不予受理的；（4）因社会保险行政部门工作人员的失职行为导致申请人超过申请时限的；（5）因社会保险行政部门的原因（如迁移等）致使申请人无法按正常情形提交工伤认定申请，社会保险行政部门不予受理的。

2. "弄虚作假将不符合工伤条件的人员认定为工伤职工的"，是指在工伤认定中，负责工伤认定的工作人员利用职权，采取的编造事实，提供虚假证明材料、虚假鉴定或者故意违反工伤认定程序等行为，将不属于工伤范围的人（如工伤认定工作人员的亲友或者有其他利益关系的人）认定为工伤的情形。它主要表现为以下几种情况：（1）违反关于工伤范围的构成要件认定。对于因事故造成的伤害，必须以在工作时间、在工作场所内和因工作原因3个构成要素为认定前提。故意将缺少工伤构成要件的人员认定为工伤，属于弄虚作假行为。（2）违反工伤认定的程序，故意超越阶段进行认定，不按照时限要求认定等。（3）故意将条例规定不得认定为工伤的人员认定为工伤，如因本人醉酒或者吸毒行为造成伤害的人员。（4）不严格执行视同工伤的条件，故意扩大视同工伤的范围。（5）利用职权，编造虚假证明材料，将不属于工伤范围的人认定为工伤等。

第五十八条　经办机构违规的责任

经办机构有下列行为之一的，由社会保险行政部门责令改正，对直接负责的主管人员和其他责任人员依法给予纪律处分；情节严重，构成犯罪的，依法追究刑事责任；造成当事人经济损失的，由经办机构依法承担赔偿责任：

（一）未按规定保存用人单位缴费和职工享受工伤保险待遇情况记录的；

（二）不按规定核定工伤保险待遇的；

（三）收受当事人财物的。

第五十九条　医疗机构、辅助器具配置机构、经办机构间的关系

医疗机构、辅助器具配置机构不按服务协议提供服务的，经办机构可以解除服务协议。

经办机构不按时足额结算费用的，由社会保险行政部门责令改正；医疗机构、辅助器具配置机构可以解除服务协议。

● **条文注释**

注意经办机构与医疗机构等签订的服务协议既具有行政合同的特征，在一些方面也具有民事合同的特征，如：（1）经办机构与医疗机构签订服务协议不需要事先经过行政机关的审批，而是通过市场机制，双方在平等协商的基础上签订。（2）经办机构要公布签订服务协议的医疗机构的名单，这样规定是为了保证医疗服务市场的公平竞争。（3）双方权利义务关系对等。医疗机构等不按服务协议提供服务的，经办机构可以解除服务协议；经办机构不按时足额结算费用的，由社会保险行政部门责令改正，医疗机构等也可以解除服务协议。（4）根据本条例第 55 条第 4 项，签订服务协议的医疗机构、辅助器具配置机构认为经办机构未履行有关协议或者规定的，可依法申请行政复议，或提起行政诉讼。

第六十条 对骗取工伤保险待遇的处罚

用人单位、工伤职工或者其近亲属骗取工伤保险待遇，医疗机构、辅助器具配置机构骗取工伤保险基金支出的，由社会保险行政部门责令退还，处骗取金额 2 倍以上 5 倍以下的罚款；情节严重，构成犯罪的，依法追究刑事责任。

● **相关规定**

《社会保险基金行政监督办法》第 31~32 条

第六十一条　鉴定组织与个人违规的责任

从事劳动能力鉴定的组织或者个人有下列情形之一的，由社会保险行政部门责令改正，处 2000 元以上 1 万元以下的罚款；情节严重，构成犯罪的，依法追究刑事责任：

（一）提供虚假鉴定意见的；

（二）提供虚假诊断证明的；

（三）收受当事人财物的。

● 条文注释

1. 从事劳动能力鉴定的组织有两类，一是指本条例第 24 条规定的省、自治区、直辖市劳动能力鉴定委员会和设区的市级劳动能力鉴定委员会，分别由省、自治区、直辖市和设区的市级社会保险行政部门、人事部门、卫生部门、工会组织、经办机构代表以及用人单位代表组成；二是本条例第 25 条规定的接受劳动能力鉴定委员会委托具备资格的医疗机构。从事劳动能力鉴定的个人是指本条例第 25 条规定的从事鉴定的医疗卫生专业技术人员。

2. "提供虚假鉴定意见的；提供虚假诊断证明的"行为，其主观上只能是故意，即提供虚假鉴定意见、虚假诊断证明是出于一种故意的行为，而不是由于过失的行为。此处的"虚假"，既包括证明文件的全部内容不真实，也包括部分内容不真实。证明文件全部内容不真实的情形，如医疗机构或者有关医务人员出具的诊断完全是编造的病情、鉴定意见签署人根本不具备专家的资格等。部分内容不真实的情形，如对伤残职工的伤残部位和伤残范围的鉴定是真实的，但对伤残等级的鉴定不符合实际情况。

● 相关规定

《社会保险基金行政监督办法》第 33 条

第六十二条　未按规定参保的情形

用人单位依照本条例规定应当参加工伤保险而未参加的，由社会保险行政部门责令限期参加，补缴应当缴纳的工伤保险费，并自欠缴之日起，按日加收万分之五的滞纳金；逾期仍不缴纳的，处欠缴数额 1 倍以上 3 倍以下的罚款。

依照本条例规定应当参加工伤保险而未参加工伤保险的用人单位职工发生工伤的，由该用人单位按照本条例规定的工伤保险待遇项目和标准支付费用。

用人单位参加工伤保险并补缴应当缴纳的工伤保险费、滞纳金后，由工伤保险基金和用人单位依照本条例的规定支付新发生的费用。

● 典型案例

安某重、兰某姣诉深圳市水某远洋渔业有限公司工伤保险待遇纠纷案（《最高人民法院公报》2017 年第 12 期）

广州海事法院一审查明：2011 年 11 月，被告深圳市水某远洋渔业有限公司（以下简称水某公司）与浙江鑫某远洋渔业有限公司（以下简称鑫某公司）签订委托招聘合同，约定：鑫某公司为水某公司名下"中洋 16"轮、"中洋 18"轮、"中洋 26"轮等 6 艘船舶招聘远洋船员，以鑫某公司名义与应聘船员签订聘用合同，合同的权利义务由水某公司享有和承担；鑫某公司在与应聘船员签订聘用合同时应当口头向其披露委托方，经应聘船员无异议后方可签订聘用合同。

2012 年 7 月 8 日，安某卫与鑫某公司签订大管轮聘用合同，合同约定：鑫某公司招聘安某卫为远洋大管轮职务船员，聘用期限为两年半，自安某卫出境日 9 月 1 日起至安某卫所在船只抵境日或合同到期日止；鑫某公司负责为安某卫投保人身意外险，如在聘用期内发生因工伤亡，按有关意外保险条款执行。

2012 年 8 月 22 日，被告水某公司作为投保人，为包括安某卫在内的 48 名船员向保险公司投保团体意外伤害保险，保障项目为额外身故、残疾、烧伤给付，每人保险金额为 60 万元，保险期间为 2012 年 8 月 23 日至 2013 年 8 月 22 日。水某公司于投保当日缴纳了保费。

2012 年 9 月，安某卫等 14 名船员被派遣至"中洋 26"轮上进行远海捕鱼作业。2013 年 8 月 5 日 17：30 分，"中洋 26"轮在法属波利尼西亚南方群岛拉帕岛附近海域遇险侧翻。2014 年 1 月 16 日，安某卫被河南省栾川县人民法院宣告死亡。保险公司向原告安某重和兰某姣实际支付了安某卫身故赔偿金 60 万元。

2014 年 12 月 10 日，浙江省绍兴市越城区人民法院作出（2014）绍越民初字第 1799 号民事判决，确认鑫某公司与安某卫签订聘用合同的行为属于隐名代理，鑫某公司与安某卫签订的聘用合同直接约束水某公司和安某卫，水某公司与安某卫存在劳动关系。水某公司对该判决结论予以认可。2015 年 3 月 16 日，人力资源和社会保障局认定安某卫于 2013 年 8 月 5 日因工外出在法属波利尼西亚南方群岛拉帕岛附近海域遇险，经法院判决宣告其死亡属于工伤。另查明：原告安某重是安某卫的父亲，原告兰某姣是安某卫的母亲。兰某姣持有栾川县残疾人联合会填发的残疾人证，记载残疾类别为肢体，残疾等级为三级。

广州海事法院一审认为：2012 年 9 月 1 日至 2013 年 8 月 5 日期间，安某卫受被告水某公司聘用在"中洋 26"轮上进行远海捕鱼作业，安某卫与水某公司存在劳动合同关系。水某公司没有为安某卫买工伤保险，根据《广东省工伤保险条例》第四十三条第一款关于"职工所在用人单位未依法缴纳工伤保险费，发生工伤事故的，由用人单位支付工伤保险待遇"和第五十七条第一款关于"用人单位依照本条例规定应当参加工伤保险而未参加或者未按时缴纳工伤保险费，职工发生工伤的，由该用人单位按照本条例规定的工伤保险待遇项目和标准向职工支付费用"的规定，水某公司应向原告安某重和兰某姣支付安某卫依法应享有的工伤保险待遇。水某公司虽然为安某卫购买了意外伤害商业保险，并与安某卫在聘用合同中约定在聘用期内如因工伤亡，按有关意外保险条款执行，但依法缴纳工伤保险是用人单位的法定义务，该项义务不能通过当事人协商予以免除。安某重和兰某姣以意外伤害保险单受益人身份取得商业保险赔偿金后，仍有权主张工伤保险赔偿。水某公司关于安某重和兰某姣已取得60万元商业保险金即无权再主张工伤保险赔偿金的抗辩不能成立。

综上，广州海事法院判决：1. 被告水某公司向原告安某重、兰某姣支付安某卫的工资、奖金共计26709.2元；2. 水某公司向安某重、兰某姣支付丧葬补助金、一次性工亡补助金共计520808元；3. 驳回安某重、兰某姣的其他诉讼请求。

水某公司不服一审判决，向广东省高级人民法院提起上诉。广东省高级人民法院经二审，确认了一审查明的事实。本案二审的争议焦点为：被上诉人安某重和兰某姣获得上诉人水某公司为其子安某卫购买的商业保险的保险赔付后，能否再向水某公司主张安某卫的工伤保险待遇。

广东省高级人民法院二审认为：《工伤保险条例》第二条第一款规定："中华人民共和国境内的企业、事业单位、社会团体、民办非企业单位、基金会、律师事务所、会计师事务所等组织和有雇工的个体工商户（以下称用人单位）应当依照本条例规定参加工伤保险，为本单位全部职工或者雇工（以下称职工）缴纳工伤保险费"，根据该规定，为职工缴纳工伤保险费是水某公司的法定义务，该法定义务不得通过任何形式予以免除或变相免除。《工伤保险条例》第六十二条第二款又进一步规定："依照本条例规定应当参加工伤保险而未参加工伤保险的用人单位职工发生工伤的，由该用人单位按照本条例规定的工伤保险待遇项目和标准支付费用"。在上诉人水某公司未为安某卫缴纳工伤保险费的情况下，水某公司应向安某卫的父母被上诉人安某重和兰某姣支付工伤保险待遇。水某公司为安某卫购买的商业性意外伤害保险，性质上是水某公司为安某卫提供的一种福利待遇，不能免除水某公司作为用人单位负有的法定的缴纳工伤保险费的义务或支付工伤保险待遇的义务。

此外，法律及司法解释并不禁止受工伤的职工或其家属获得双重赔偿。《最高人民法院关于审理工伤保险行政案件若干问题的规定》第八条第一款规定："职工因第三人的原因受到伤害，社会保险行政部门以职工或者其近亲属已经对第三人提起民事诉讼或者获得民事赔偿为由，作出不予受理工伤认定申请或者不予认定工伤决定的，人民法院不予支持"，第三款规定："职工因第三人的原因导致工伤，社会保险经办机构以职工或者其近亲属已经对第三人提起民事诉讼为由，拒绝支付工伤保险待遇的，人民法院不予支持，但第三人已经支付的医疗费用除外"，由此可见，上述规定并不禁止受工伤的职工同时获得民事赔偿和工伤保险待遇赔偿。上诉人水某公司称被上诉人安某重和兰某姣同时获得保险金和工伤保险待遇属一事二赔、违反公平原则，没有法律依据，不予支持。一审法院判决水某公司向安某重和兰某姣支付工伤保险待遇正确，予以维持。广东省高级人民法院判决驳回上诉，维持原判。

第六十三条 用人单位不协助调查的责任

用人单位违反本条例第十九条的规定，拒不协助社会保险行政部门对事故进行调查核实的，由社会保险行政部门责令改正，处 2000 元以上 2 万元以下的罚款。

第八章 附　　则

第六十四条 相关名词解释

本条例所称工资总额，是指用人单位直接支付给本单位全部职工的劳动报酬总额。

本条例所称本人工资，是指工伤职工因工作遭受事故伤害或者患职业病前 12 个月平均月缴费工资。本人工资高于统筹地区职工平均工资 300% 的，按照统筹地区职工平均工资的 300% 计算；本人工资低于统筹地区职工平均工资 60% 的，按照统筹地区职工平均工资的 60% 计算。

● *典型案例*

王某申请停工留薪期待遇及一次性伤残补助金案[①]

王某于 2015 年 6 月到某钢铁集团工作，入职后，双方约定工资为 2653 元/月（低于所在地在岗职工平均工资的 60%），但未签订劳动合同，该钢铁集团亦未为王某缴纳社会保险费。2016 年 9 月 18 日，

[①] 《案例丨工伤待遇的计算基数如何确定》，载人力资源和社会保障部网站，http://www.mohrss.gov.cn/tjzcgls/TJZCdianxingal/201802/t20180226_288835.html，最后访问时间：2023 年 11 月 17 日。

王某在工作过程中受伤，经当地人社部门认定为因工负伤，劳动能力鉴定委员会鉴定为七级伤残。王某遂找单位协商解决工伤待遇问题。公司支付部分待遇后，由于双方关于停工留薪期待遇与一次性伤残补助金计算基数不能达成一致意见，致使这两项待遇迟迟未能支付。王某于2017年7月25日向劳动人事争议仲裁院申请仲裁，要求公司支付停工留薪期待遇及一次性伤残补助金。

争议焦点为：在用人单位未缴纳工伤保险费的前提下，劳动者的停工留薪期待遇与一次性伤残补助金应以何标准为基数计算？

裁决结果为：公司以王某受伤前的工资，即2653元/月为基数，计算支付停工留薪期待遇；以所在地在岗职工平均工资的60%为基数计算支付一次性伤残补助金。

王某发生伤残事故，经法定机构认定工伤并鉴定伤残等级。根据《工伤保险条例》第六十二条第二款规定，应当参加工伤保险而未参加工伤保险的用人单位职工发生工伤的，由该用人单位按照该条例规定的工伤保险待遇项目和标准支付费用。

关于停工留薪期待遇，《工伤保险条例》第三十三条第一款规定："职工因工作遭受事故伤害或者患职业病需要暂停工作接受工伤医疗的，在停工留薪期内，原工资福利待遇不变，由所在单位按月支付。"因此，停工留薪期待遇的计算基数，应以工伤职工原工资水平为准。

关于一次性伤残补助金，《工伤保险条例》第三十七条规定，"职工因工致残被鉴定为七级至十级伤残的，享受以下待遇：（一）从工伤保险基金按伤残等级支付一次性伤残补助金，标准为：七级伤残为13个月的本人工资……"第六十四条第二款规定："本条例所称本人工资，是指工伤职工因工作遭受事故伤害或者患职业病前 12 个月平均月缴费工资。本人工资高于统筹地区职工平均工资 300%的，按照统筹地区职工平均工资的 300%计算；本人工资低于统筹地区职工平均工资 60%的，按照统筹地区职工平均工资的 60%计算。"因此，对一次性伤残补助金的计算标准，应遵循《工伤保险条例》第六十四条的标准。因王某工资为 2653 元/月，低于所在地在岗职工平均工资的 60%，故应以当地在岗职工平均工资的 60%为基数计算一次性伤残补助金。

第六十五条　公务员等的工伤保险

公务员和参照公务员法管理的事业单位、社会团体的工作人员因工作遭受事故伤害或者患职业病的，由所在单位支付费用。具体办法由国务院社会保险行政部门会同国务院财政部门规定。

第六十六条　非法经营单位工伤一次性赔偿及争议处理

无营业执照或者未经依法登记、备案的单位以及被依法吊销营业执照或者撤销登记、备案的单位的职工受到事故伤害或者患职业病的，由该单位向伤残职工或者死亡职工的近亲属给予一次性赔偿，赔偿标准不得低于本条例规定的工伤保险待遇；用人单位不得使用童工，用人单位使用童工造成童工伤残、死亡的，由该单位向童工或者童工的近亲属给予一次性赔偿，赔偿标准不得低于本条例规定的工伤保险待遇。具体办法由国务院社会保险行政部门规定。

前款规定的伤残职工或者死亡职工的近亲属就赔偿数额与单位发生争议的，以及前款规定的童工或者童工的近亲属就赔偿数额与单位发生争议的，按照处理劳动争议的有关规定处理。

第六十七条　实施日期及过渡事项

本条例自 2004 年 1 月 1 日起施行。本条例施行前已受到事故伤害或者患职业病的职工尚未完成工伤认定的，按照本条例的规定执行。

附录一

中华人民共和国社会保险法

（2010 年 10 月 28 日第十一届全国人民代表大会常务委员会第十七次会议通过　根据 2018 年 12 月 29 日第十三届全国人民代表大会常务委员会第七次会议《关于修改〈中华人民共和国社会保险法〉的决定》修正）

目　录

第一章　总　则

第一条　【立法宗旨】为了规范社会保险关系，维护公民参加社会保险和享受社会保险待遇的合法权益，使公民共享发展成果，促进社会和谐稳定，根据宪法，制定本法。

第二条　【建立社会保险制度】国家建立基本养老保险、基本医疗保险、工伤保险、失业保险、生育保险等社会保险制度，保障公民在年老、疾病、工伤、失业、生育等情况下依法从国家和社会获得物质帮助的权利。

第三条　【社会保险制度的方针和社会保险水平】社会保险制度坚持广覆盖、保基本、多层次、可持续的方针，社会保险水平应当与经济社会发展水平相适应。

第四条　【用人单位和个人的权利义务】中华人民共和国境内的用人单位和个人依法缴纳社会保险费，有权查询缴费记录、个人权益记录，要求社会保险经办机构提供社会保险咨询等相关服务。

个人依法享受社会保险待遇，有权监督本单位为其缴费情况。

第五条　【社会保险财政保障】县级以上人民政府将社会保险事业纳入国民经济和社会发展规划。

国家多渠道筹集社会保险资金。县级以上人民政府对社会保险事业给予必要的经费支持。

国家通过税收优惠政策支持社会保险事业。

第六条　【社会保险基金监督】国家对社会保险基金实行严格监管。

国务院和省、自治区、直辖市人民政府建立健全社会保险基金监督管理制度，保障社会保险基金安全、有效运行。

县级以上人民政府采取措施，鼓励和支持社会各方面参与社会保险基金的监督。

第七条 【社会保险行政管理职责分工】国务院社会保险行政部门负责全国的社会保险管理工作，国务院其他有关部门在各自的职责范围内负责有关的社会保险工作。

县级以上地方人民政府社会保险行政部门负责本行政区域的社会保险管理工作，县级以上地方人民政府其他有关部门在各自的职责范围内负责有关的社会保险工作。

第八条 【社会保险经办机构职责】社会保险经办机构提供社会保险服务，负责社会保险登记、个人权益记录、社会保险待遇支付等工作。

第九条 【工会的职责】工会依法维护职工的合法权益，有权参与社会保险重大事项的研究，参加社会保险监督委员会，对与职工社会保险权益有关的事项进行监督。

第二章　基本养老保险

第十条 【覆盖范围】职工应当参加基本养老保险，由用人单位和职工共同缴纳基本养老保险费。

无雇工的个体工商户、未在用人单位参加基本养老保险的非全日制从业人员以及其他灵活就业人员可以参加基本养老保险，由个人缴纳基本养老保险费。

公务员和参照公务员法管理的工作人员养老保险的办法由国务院规定。

第十一条 【制度模式和基金筹资方式】基本养老保险实行社会统筹与个人账户相结合。

基本养老保险基金由用人单位和个人缴费以及政府补贴等组成。

第十二条 【缴费基数和缴费比例】用人单位应当按照国家规定的本单位职工工资总额的比例缴纳基本养老保险费，记入基本养老保险统筹基金。

职工应当按照国家规定的本人工资的比例缴纳基本养老保险费，记入个人账户。

无雇工的个体工商户、未在用人单位参加基本养老保险的非全日制从业人员以及其他灵活就业人员参加基本养老保险的，应当按照国家规定缴纳基本养老保险费，分别记入基本养老保险统筹基金和个人账户。

第十三条 【政府财政补贴】国有企业、事业单位职工参加基本养老保险前，视同缴费年限期间应当缴纳的基本养老保险费由政府承担。

基本养老保险基金出现支付不足时，政府给予补贴。

第十四条 【个人账户养老金】个人账户不得提前支取，记账利率不得低于银行定期存款利率，免征利息税。个人死亡的，个人账户余额可以继承。

第十五条 【基本养老金构成】基本养老金由统筹养老金和个人账户养老金组成。

基本养老金根据个人累计缴费年限、缴费工资、当地职工平均工资、个人账户金额、城镇人口平均预期寿命等因素确定。

第十六条 【享受基本养老保险待遇的条件】参加基本养老保险的个人，达到法定退休年龄时累计缴费满十五年的，按月领取基本养老金。

参加基本养老保险的个人，达到法定退休年龄时累计缴费不足十五年的，可以缴费至满十五年，按月领取基本养老金；也可以转入新型农村社会养老保险或者城镇居民社会养老保险，按照国务院规定享受相应的养老保险待遇。

第十七条 **【参保个人因病或非因工致残、死亡待遇】**参加基本养老保险的个人，因病或者非因工死亡的，其遗属可以领取丧葬补助金和抚恤金；在未达到法定退休年龄时因病或者非因工致残完全丧失劳动能力的，可以领取病残津贴。所需资金从基本养老保险基金中支付。

第十八条 **【基本养老金调整机制】**国家建立基本养老金正常调整机制。根据职工平均工资增长、物价上涨情况，适时提高基本养老保险待遇水平。

第十九条 **【基本养老保险关系转移接续制度】**个人跨统筹地区就业的，其基本养老保险关系随本人转移，缴费年限累计计算。个人达到法定退休年龄时，基本养老金分段计算、统一支付。具体办法由国务院规定。

第二十条 **【新型农村社会养老保险及其筹资方式】**国家建立和完善新型农村社会养老保险制度。

新型农村社会养老保险实行个人缴费、集体补助和政府补贴相结合。

第二十一条 **【新型农村社会养老保险待遇】**新型农村社会养老保险待遇由基础养老金和个人账户养老金组成。

参加新型农村社会养老保险的农村居民，符合国家规定条件的，按月领取新型农村社会养老保险待遇。

第二十二条 **【城镇居民社会养老保险】**国家建立和完善城镇居民社会养老保险制度。

省、自治区、直辖市人民政府根据实际情况，可以将城镇居民社会养老保险和新型农村社会养老保险合并实施。

第三章　基本医疗保险

第二十三条　**【职工基本医疗保险覆盖范围和缴费】**职工应当参加职工基本医疗保险，由用人单位和职工按照国家规定共同缴纳基本医疗保险费。

无雇工的个体工商户、未在用人单位参加职工基本医疗保险的非全日制从业人员以及其他灵活就业人员可以参加职工基本医疗保险，由个人按照国家规定缴纳基本医疗保险费。

第二十四条　**【新型农村合作医疗制度】**国家建立和完善新型农村合作医疗制度。

新型农村合作医疗的管理办法，由国务院规定。

第二十五条　**【城镇居民基本医疗保险制度】**国家建立和完善城镇居民基本医疗保险制度。

城镇居民基本医疗保险实行个人缴费和政府补贴相结合。

享受最低生活保障的人、丧失劳动能力的残疾人、低收入家庭六十周岁以上的老年人和未成年人等所需个人缴费部分，由政府给予补贴。

第二十六条　**【医疗保险待遇标准】**职工基本医疗保险、新型农村合作医疗和城镇居民基本医疗保险的待遇标准按照国家规定执行。

第二十七条　**【退休时享受基本医疗保险待遇】**参加职工基本医疗保险的个人，达到法定退休年龄时累计缴费达到国家规定年限的，退休后不再缴纳基本医疗保险费，按照国家规定享受基本医疗保险待遇；未达到国家规定年限的，可以缴费至国家规定年限。

第二十八条 【基本医疗保险基金支付制度】符合基本医疗保险药品目录、诊疗项目、医疗服务设施标准以及急诊、抢救的医疗费用，按照国家规定从基本医疗保险基金中支付。

第二十九条 【基本医疗保险费用结算制度】参保人员医疗费用中应当由基本医疗保险基金支付的部分，由社会保险经办机构与医疗机构、药品经营单位直接结算。

社会保险行政部门和卫生行政部门应当建立异地就医医疗费用结算制度，方便参保人员享受基本医疗保险待遇。

第三十条 【不纳入基本医疗保险基金支付范围的医疗费用】下列医疗费用不纳入基本医疗保险基金支付范围：

（一）应当从工伤保险基金中支付的；

（二）应当由第三人负担的；

（三）应当由公共卫生负担的；

（四）在境外就医的。

医疗费用依法应当由第三人负担，第三人不支付或者无法确定第三人的，由基本医疗保险基金先行支付。基本医疗保险基金先行支付后，有权向第三人追偿。

第三十一条 【服务协议】社会保险经办机构根据管理服务的需要，可以与医疗机构、药品经营单位签订服务协议，规范医疗服务行为。

医疗机构应当为参保人员提供合理、必要的医疗服务。

第三十二条 【基本医疗保险关系转移接续制度】个人跨统筹地区就业的，其基本医疗保险关系随本人转移，缴费年限累计计算。

第四章 工伤保险

第三十三条 【参保范围和缴费】职工应当参加工伤保险，由用人单位缴纳工伤保险费，职工不缴纳工伤保险费。

第三十四条 【工伤保险费率】国家根据不同行业的工伤风险程度确定行业的差别费率，并根据使用工伤保险基金、工伤发生率等情况在每个行业内确定费率档次。行业差别费率和行业内费率档次由国务院社会保险行政部门制定，报国务院批准后公布施行。

社会保险经办机构根据用人单位使用工伤保险基金、工伤发生率和所属行业费率档次等情况，确定用人单位缴费费率。

第三十五条 【工伤保险费缴费基数和费率】用人单位应当按照本单位职工工资总额，根据社会保险经办机构确定的费率缴纳工伤保险费。

第三十六条 【享受工伤保险待遇的条件】职工因工作原因受到事故伤害或者患职业病，且经工伤认定的，享受工伤保险待遇；其中，经劳动能力鉴定丧失劳动能力的，享受伤残待遇。

工伤认定和劳动能力鉴定应当简捷、方便。

第三十七条 【不认定工伤的情形】职工因下列情形之一导致本人在工作中伤亡的，不认定为工伤：

（一）故意犯罪；

（二）醉酒或者吸毒；

（三）自残或者自杀；

（四）法律、行政法规规定的其他情形。

第三十八条 【工伤保险基金负担的工伤保险待遇】因工伤发生的下列费用，按照国家规定从工伤保险基金中支付：

（一）治疗工伤的医疗费用和康复费用；

（二）住院伙食补助费；

（三）到统筹地区以外就医的交通食宿费；

（四）安装配置伤残辅助器具所需费用；

（五）生活不能自理的，经劳动能力鉴定委员会确认的生活护理费；

（六）一次性伤残补助金和一至四级伤残职工按月领取的伤残津贴；

（七）终止或者解除劳动合同时，应当享受的一次性医疗补助金；

（八）因工死亡的，其遗属领取的丧葬补助金、供养亲属抚恤金和因工死亡补助金；

（九）劳动能力鉴定费。

第三十九条　【用人单位负担的工伤保险待遇】因工伤发生的下列费用，按照国家规定由用人单位支付：

（一）治疗工伤期间的工资福利；

（二）五级、六级伤残职工按月领取的伤残津贴；

（三）终止或者解除劳动合同时，应当享受的一次性伤残就业补助金。

第四十条　【伤残津贴和基本养老保险待遇的衔接】工伤职工符合领取基本养老金条件的，停发伤残津贴，享受基本养老保险待遇。基本养老保险待遇低于伤残津贴的，从工伤保险基金中补足差额。

第四十一条　【未参保单位职工发生工伤时的待遇】职工所在用人单位未依法缴纳工伤保险费，发生工伤事故的，由用人单位支付工伤保险待遇。用人单位不支付的，从工伤保险基金中先行支付。

从工伤保险基金中先行支付的工伤保险待遇应当由用人单位偿还。用人单位不偿还的，社会保险经办机构可以依照本法第六十三条的规定追偿。

第四十二条　【民事侵权责任和工伤保险责任竞合】由于第三人的原因造成工伤，第三人不支付工伤医疗费用或者无法确定第三人的，由工伤保险基金先行支付。工伤保险基金先行支付后，有权向第三人追偿。

第四十三条 　【停止享受工伤保险待遇的情形】工伤职工有下列情形之一的，停止享受工伤保险待遇：

（一）丧失享受待遇条件的；

（二）拒不接受劳动能力鉴定的；

（三）拒绝治疗的。

第五章　失业保险

第四十四条 　【参保范围和失业保险费负担】职工应当参加失业保险，由用人单位和职工按照国家规定共同缴纳失业保险费。

第四十五条 　【领取失业保险金的条件】失业人员符合下列条件的，从失业保险基金中领取失业保险金：

（一）失业前用人单位和本人已经缴纳失业保险费满一年的；

（二）非因本人意愿中断就业的；

（三）已经进行失业登记，并有求职要求的。

第四十六条 　【领取失业保险金的期限】失业人员失业前用人单位和本人累计缴费满一年不足五年的，领取失业保险金的期限最长为十二个月；累计缴费满五年不足十年的，领取失业保险金的期限最长为十八个月；累计缴费十年以上的，领取失业保险金的期限最长为二十四个月。重新就业后，再次失业的，缴费时间重新计算，领取失业保险金的期限与前次失业应当领取而尚未领取的失业保险金的期限合并计算，最长不超过二十四个月。

第四十七条 　【失业保险金标准】失业保险金的标准，由省、自治区、直辖市人民政府确定，不得低于城市居民最低生活保障标准。

第四十八条 【享受基本医疗保险待遇】失业人员在领取失业保险金期间，参加职工基本医疗保险，享受基本医疗保险待遇。

失业人员应当缴纳的基本医疗保险费从失业保险基金中支付，个人不缴纳基本医疗保险费。

第四十九条 【在领取失业保险金期间死亡时的待遇】失业人员在领取失业保险金期间死亡的，参照当地对在职职工死亡的规定，向其遗属发给一次性丧葬补助金和抚恤金。所需资金从失业保险基金中支付。

个人死亡同时符合领取基本养老保险丧葬补助金、工伤保险丧葬补助金和失业保险丧葬补助金条件的，其遗属只能选择领取其中的一项。

第五十条 【领取失业保险金的程序】用人单位应当及时为失业人员出具终止或者解除劳动关系的证明，并将失业人员的名单自终止或者解除劳动关系之日起十五日内告知社会保险经办机构。

失业人员应当持本单位为其出具的终止或者解除劳动关系的证明，及时到指定的公共就业服务机构办理失业登记。

失业人员凭失业登记证明和个人身份证明，到社会保险经办机构办理领取失业保险金的手续。失业保险金领取期限自办理失业登记之日起计算。

第五十一条 【停止领取失业保险待遇的情形】失业人员在领取失业保险金期间有下列情形之一的，停止领取失业保险金，并同时停止享受其他失业保险待遇：

（一）重新就业的；

（二）应征服兵役的；

（三）移居境外的；

（四）享受基本养老保险待遇的；

（五）无正当理由，拒不接受当地人民政府指定部门或者机构介绍的适当工作或者提供的培训的。

第五十二条 【**失业保险关系的转移接续**】职工跨统筹地区就业的，其失业保险关系随本人转移，缴费年限累计计算。

第六章　生育保险

第五十三条 【**参保范围和缴费**】职工应当参加生育保险，由用人单位按照国家规定缴纳生育保险费，职工不缴纳生育保险费。

第五十四条 【**生育保险待遇**】用人单位已经缴纳生育保险费的，其职工享受生育保险待遇；职工未就业配偶按照国家规定享受生育医疗费用待遇。所需资金从生育保险基金中支付。

生育保险待遇包括生育医疗费用和生育津贴。

第五十五条 【**生育医疗费的项目**】生育医疗费用包括下列各项：

（一）生育的医疗费用；

（二）计划生育的医疗费用；

（三）法律、法规规定的其他项目费用。

第五十六条 【**享受生育津贴的情形**】职工有下列情形之一的，可以按照国家规定享受生育津贴：

（一）女职工生育享受产假；

（二）享受计划生育手术休假；

（三）法律、法规规定的其他情形。

生育津贴按照职工所在用人单位上年度职工月平均工资计发。

第七章　社会保险费征缴

第五十七条　【用人单位社会保险登记】用人单位应当自成立之日起三十日内凭营业执照、登记证书或者单位印章，向当地社会保险经办机构申请办理社会保险登记。社会保险经办机构应当自收到申请之日起十五日内予以审核，发给社会保险登记证件。

用人单位的社会保险登记事项发生变更或者用人单位依法终止的，应当自变更或者终止之日起三十日内，到社会保险经办机构办理变更或者注销社会保险登记。

市场监督管理部门、民政部门和机构编制管理机关应当及时向社会保险经办机构通报用人单位的成立、终止情况，公安机关应当及时向社会保险经办机构通报个人的出生、死亡以及户口登记、迁移、注销等情况。

第五十八条　【个人社会保险登记】用人单位应当自用工之日起三十日内为其职工向社会保险经办机构申请办理社会保险登记。未办理社会保险登记的，由社会保险经办机构核定其应当缴纳的社会保险费。

自愿参加社会保险的无雇工的个体工商户、未在用人单位参加社会保险的非全日制从业人员以及其他灵活就业人员，应当向社会保险经办机构申请办理社会保险登记。

国家建立全国统一的个人社会保障号码。个人社会保障号码为公民身份号码。

第五十九条　【社会保险费征收】县级以上人民政府加强社会保险费的征收工作。

社会保险费实行统一征收，实施步骤和具体办法由国务院规定。

第六十条 【社会保险费的缴纳】用人单位应当自行申报、按时足额缴纳社会保险费，非因不可抗力等法定事由不得缓缴、减免。职工应当缴纳的社会保险费由用人单位代扣代缴，用人单位应当按月将缴纳社会保险费的明细情况告知本人。

无雇工的个体工商户、未在用人单位参加社会保险的非全日制从业人员以及其他灵活就业人员，可以直接向社会保险费征收机构缴纳社会保险费。

第六十一条 【社会保险费征收机构的义务】社会保险费征收机构应当依法按时足额征收社会保险费，并将缴费情况定期告知用人单位和个人。

第六十二条 【用人单位未按规定申报应缴数额】用人单位未按规定申报应当缴纳的社会保险费数额的，按照该单位上月缴费额的百分之一百一十确定应当缴纳数额；缴费单位补办申报手续后，由社会保险费征收机构按照规定结算。

第六十三条 【用人单位未按时足额缴费】用人单位未按时足额缴纳社会保险费的，由社会保险费征收机构责令其限期缴纳或者补足。

用人单位逾期仍未缴纳或者补足社会保险费的，社会保险费征收机构可以向银行和其他金融机构查询其存款账户；并可以申请县级以上有关行政部门作出划拨社会保险费的决定，书面通知其开户银行或者其他金融机构划拨社会保险费。用人单位账户余额少于应当缴纳的社会保险费的，社会保险费征收机构可以要求该用人单位提供担保，签订延期缴费协议。

用人单位未足额缴纳社会保险费且未提供担保的，社会保险费征收机构可以申请人民法院扣押、查封、拍卖其价值相当于应当缴纳社会保险费的财产，以拍卖所得抵缴社会保险费。

第八章　社会保险基金

第六十四条　**【社会保险基金类别、管理原则和统筹层次】**社会保险基金包括基本养老保险基金、基本医疗保险基金、工伤保险基金、失业保险基金和生育保险基金。除基本医疗保险基金与生育保险基金合并建账及核算外，其他各项社会保险基金按照社会保险险种分别建账，分账核算。社会保险基金执行国家统一的会计制度。

社会保险基金专款专用，任何组织和个人不得侵占或者挪用。

基本养老保险基金逐步实行全国统筹，其他社会保险基金逐步实行省级统筹，具体时间、步骤由国务院规定。

第六十五条　**【社会保险基金的收支平衡和政府补贴责任】**社会保险基金通过预算实现收支平衡。

县级以上人民政府在社会保险基金出现支付不足时，给予补贴。

第六十六条　**【社会保险基金按照统筹层次设立预算】**社会保险基金按照统筹层次设立预算。除基本医疗保险基金与生育保险基金预算合并编制外，其他社会保险基金预算按照社会保险项目分别编制。

第六十七条　**【社会保险基金预算制定程序】**社会保险基金预算、决算草案的编制、审核和批准，依照法律和国务院规定执行。

第六十八条　**【社会保险基金财政专户】**社会保险基金存入财政专户，具体管理办法由国务院规定。

第六十九条　**【社会保险基金的保值增值】**社会保险基金在保证安全的前提下，按照国务院规定投资运营实现保值增值。

社会保险基金不得违规投资运营，不得用于平衡其他政府预算，不得用于兴建、改建办公场所和支付人员经费、运行费用、管理费用，或者违反法律、行政法规规定挪作其他用途。

第七十条 【社会保险基金信息公开】社会保险经办机构应当定期向社会公布参加社会保险情况以及社会保险基金的收入、支出、结余和收益情况。

第七十一条 【全国社会保障基金】国家设立全国社会保障基金，由中央财政预算拨款以及国务院批准的其他方式筹集的资金构成，用于社会保障支出的补充、调剂。全国社会保障基金由全国社会保障基金管理运营机构负责管理运营，在保证安全的前提下实现保值增值。

全国社会保障基金应当定期向社会公布收支、管理和投资运营的情况。国务院财政部门、社会保险行政部门、审计机关对全国社会保障基金的收支、管理和投资运营情况实施监督。

第九章　社会保险经办

第七十二条 【社会保险经办机构的设置及经费保障】统筹地区设立社会保险经办机构。社会保险经办机构根据工作需要，经所在地的社会保险行政部门和机构编制管理机关批准，可以在本统筹地区设立分支机构和服务网点。

社会保险经办机构的人员经费和经办社会保险发生的基本运行费用、管理费用，由同级财政按照国家规定予以保障。

第七十三条 【管理制度和支付社会保险待遇职责】社会保险经办机构应当建立健全业务、财务、安全和风险管理制度。

社会保险经办机构应当按时足额支付社会保险待遇。

第七十四条 【获取社会保险数据、建档、权益记录等服务】社会保险经办机构通过业务经办、统计、调查获取社会保险工作所需的数据，有关单位和个人应当及时、如实提供。

社会保险经办机构应当及时为用人单位建立档案，完整、准确地记录参加社会保险的人员、缴费等社会保险数据，妥善保管登记、申报的原始凭证和支付结算的会计凭证。

社会保险经办机构应当及时、完整、准确地记录参加社会保险的个人缴费和用人单位为其缴费，以及享受社会保险待遇等个人权益记录，定期将个人权益记录单免费寄送本人。

用人单位和个人可以免费向社会保险经办机构查询、核对其缴费和享受社会保险待遇记录，要求社会保险经办机构提供社会保险咨询等相关服务。

第七十五条 【社会保险信息系统的建设】全国社会保险信息系统按照国家统一规划，由县级以上人民政府按照分级负责的原则共同建设。

第十章　社会保险监督

第七十六条 【人大监督】各级人民代表大会常务委员会听取和审议本级人民政府对社会保险基金的收支、管理、投资运营以及监督检查情况的专项工作报告，组织对本法实施情况的执法检查等，依法行使监督职权。

第七十七条 【行政部门监督】县级以上人民政府社会保险行政部门应当加强对用人单位和个人遵守社会保险法律、法规情况的监督检查。

社会保险行政部门实施监督检查时，被检查的用人单位和个人应当如实提供与社会保险有关的资料，不得拒绝检查或者谎报、瞒报。

第七十八条　【财政监督、审计监督】财政部门、审计机关按照各自职责，对社会保险基金的收支、管理和投资运营情况实施监督。

第七十九条　【社会保险行政部门对基金的监督】社会保险行政部门对社会保险基金的收支、管理和投资运营情况进行监督检查，发现存在问题的，应当提出整改建议，依法作出处理决定或者向有关行政部门提出处理建议。社会保险基金检查结果应当定期向社会公布。

社会保险行政部门对社会保险基金实施监督检查，有权采取下列措施：

（一）查阅、记录、复制与社会保险基金收支、管理和投资运营相关的资料，对可能被转移、隐匿或者灭失的资料予以封存；

（二）询问与调查事项有关的单位和个人，要求其对与调查事项有关的问题作出说明、提供有关证明材料；

（三）对隐匿、转移、侵占、挪用社会保险基金的行为予以制止并责令改正。

第八十条　【社会保险监督委员会】统筹地区人民政府成立由用人单位代表、参保人员代表，以及工会代表、专家等组成的社会保险监督委员会，掌握、分析社会保险基金的收支、管理和投资运营情况，对社会保险工作提出咨询意见和建议，实施社会监督。

社会保险经办机构应当定期向社会保险监督委员会汇报社会保险基金的收支、管理和投资运营情况。社会保险监督委员会可以聘请会计师事务所对社会保险基金的收支、管理和投资运营情况进行年度审计和专项审计。审计结果应当向社会公开。

社会保险监督委员会发现社会保险基金收支、管理和投资运营中存在问题的，有权提出改正建议；对社会保险经办机构及其工作人员的违法行为，有权向有关部门提出依法处理建议。

第八十一条　【为用人单位和个人信息保密】社会保险行政部门和其他有关行政部门、社会保险经办机构、社会保险费征收机构及其工作人员，应当依法为用人单位和个人的信息保密，不得以任何形式泄露。

第八十二条　【违法行为的举报、投诉】任何组织或者个人有权对违反社会保险法律、法规的行为进行举报、投诉。

社会保险行政部门、卫生行政部门、社会保险经办机构、社会保险费征收机构和财政部门、审计机关对属于本部门、本机构职责范围的举报、投诉，应当依法处理；对不属于本部门、本机构职责范围的，应当书面通知并移交有权处理的部门、机构处理。有权处理的部门、机构应当及时处理，不得推诿。

第八十三条　【社会保险权利救济途径】用人单位或者个人认为社会保险费征收机构的行为侵害自己合法权益的，可以依法申请行政复议或者提起行政诉讼。

用人单位或者个人对社会保险经办机构不依法办理社会保险登记、核定社会保险费、支付社会保险待遇、办理社会保险转移接续手续或者侵害其他社会保险权益的行为，可以依法申请行政复议或者提起行政诉讼。

个人与所在用人单位发生社会保险争议的，可以依法申请调解、仲裁，提起诉讼。用人单位侵害个人社会保险权益的，个人也可以要求社会保险行政部门或者社会保险费征收机构依法处理。

第十一章　法律责任

第八十四条　【不办理社会保险登记的法律责任】用人单位不办

理社会保险登记的，由社会保险行政部门责令限期改正；逾期不改正的，对用人单位处应缴社会保险费数额一倍以上三倍以下的罚款，对其直接负责的主管人员和其他直接责任人员处五百元以上三千元以下的罚款。

第八十五条　【拒不出具终止或者解除劳动关系证明的处理】用人单位拒不出具终止或者解除劳动关系证明的，依照《中华人民共和国劳动合同法》的规定处理。

第八十六条　【未按时足额缴费的责任】用人单位未按时足额缴纳社会保险费的，由社会保险费征收机构责令限期缴纳或者补足，并自欠缴之日起，按日加收万分之五的滞纳金；逾期仍不缴纳的，由有关行政部门处欠缴数额一倍以上三倍以下的罚款。

第八十七条　【骗取社保基金支出的责任】社会保险经办机构以及医疗机构、药品经营单位等社会保险服务机构以欺诈、伪造证明材料或者其他手段骗取社会保险基金支出的，由社会保险行政部门责令退回骗取的社会保险金，处骗取金额二倍以上五倍以下的罚款；属于社会保险服务机构的，解除服务协议；直接负责的主管人员和其他直接责任人员有执业资格的，依法吊销其执业资格。

第八十八条　【骗取社会保险待遇的责任】以欺诈、伪造证明材料或者其他手段骗取社会保险待遇的，由社会保险行政部门责令退回骗取的社会保险金，处骗取金额二倍以上五倍以下的罚款。

第八十九条　【经办机构及其工作人员违法行为责任】社会保险经办机构及其工作人员有下列行为之一的，由社会保险行政部门责令改正；给社会保险基金、用人单位或者个人造成损失的，依法承担赔偿责任；对直接负责的主管人员和其他直接责任人员依法给予处分：

（一）未履行社会保险法定职责的；

（二）未将社会保险基金存入财政专户的；

（三）克扣或者拒不按时支付社会保险待遇的；

（四）丢失或者篡改缴费记录、享受社会保险待遇记录等社会保险数据、个人权益记录的；

（五）有违反社会保险法律、法规的其他行为的。

第九十条　【擅自更改缴费基数、费率的责任】社会保险费征收机构擅自更改社会保险费缴费基数、费率，导致少收或者多收社会保险费的，由有关行政部门责令其追缴应当缴纳的社会保险费或者退还不应当缴纳的社会保险费；对直接负责的主管人员和其他直接责任人员依法给予处分。

第九十一条　【隐匿、转移、侵占、挪用社保基金等的责任】违反本法规定，隐匿、转移、侵占、挪用社会保险基金或者违规投资运营的，由社会保险行政部门、财政部门、审计机关责令追回；有违法所得的，没收违法所得；对直接负责的主管人员和其他直接责任人员依法给予处分。

第九十二条　【泄露用人单位和个人信息的行政责任】社会保险行政部门和其他有关行政部门、社会保险经办机构、社会保险费征收机构及其工作人员泄露用人单位和个人信息的，对直接负责的主管人员和其他直接责任人员依法给予处分；给用人单位或者个人造成损失的，应当承担赔偿责任。

第九十三条　【国家工作人员的相关责任】国家工作人员在社会保险管理、监督工作中滥用职权、玩忽职守、徇私舞弊的，依法给予处分。

第九十四条　【相关刑事责任】违反本法规定，构成犯罪的，依法追究刑事责任。

第十二章　附　则

第九十五条　**【进城务工农村居民参加社会保险】**进城务工的农村居民依照本法规定参加社会保险。

第九十六条　**【被征地农民的社会保险】**征收农村集体所有的土地，应当足额安排被征地农民的社会保险费，按照国务院规定将被征地农民纳入相应的社会保险制度。

第九十七条　**【外国人参加我国社会保险】**外国人在中国境内就业的，参照本法规定参加社会保险。

第九十八条　**【施行日期】**本法自 2011 年 7 月 1 日起施行。

工伤职工劳动能力鉴定管理办法

（2014 年 2 月 20 日人力资源和社会保障部、国家卫生和计划生育委员会令第 21 号公布　根据 2018 年 12 月 14 日《人力资源社会保障部关于修改部分规章的决定》修订）

第一章　总　则

第一条　为了加强劳动能力鉴定管理，规范劳动能力鉴定程序，根据《中华人民共和国社会保险法》、《中华人民共和国职业病防治法》和《工伤保险条例》，制定本办法。

第二条　劳动能力鉴定委员会依据《劳动能力鉴定　职工工伤与职业病致残等级》国家标准，对工伤职工劳动功能障碍程度和生活自理障碍程度组织进行技术性等级鉴定，适用本办法。

第三条 省、自治区、直辖市劳动能力鉴定委员会和设区的市级（含直辖市的市辖区、县，下同）劳动能力鉴定委员会分别由省、自治区、直辖市和设区的市级人力资源社会保障行政部门、卫生计生行政部门、工会组织、用人单位代表以及社会保险经办机构代表组成。

承担劳动能力鉴定委员会日常工作的机构，其设置方式由各地根据实际情况决定。

第四条 劳动能力鉴定委员会履行下列职责：

（一）选聘医疗卫生专家，组建医疗卫生专家库，对专家进行培训和管理；

（二）组织劳动能力鉴定；

（三）根据专家组的鉴定意见作出劳动能力鉴定结论；

（四）建立完整的鉴定数据库，保管鉴定工作档案50年；

（五）法律、法规、规章规定的其他职责。

第五条 设区的市级劳动能力鉴定委员会负责本辖区内的劳动能力初次鉴定、复查鉴定。

省、自治区、直辖市劳动能力鉴定委员会负责对初次鉴定或者复查鉴定结论不服提出的再次鉴定。

第六条 劳动能力鉴定相关政策、工作制度和业务流程应当向社会公开。

第二章 鉴定程序

第七条 职工发生工伤，经治疗伤情相对稳定后存在残疾、影响劳动能力的，或者停工留薪期满（含劳动能力鉴定委员会确认的延长期限），工伤职工或者其用人单位应当及时向设区的市级劳动能力鉴定委员会提出劳动能力鉴定申请。

第八条　申请劳动能力鉴定应当填写劳动能力鉴定申请表，并提交下列材料：

（一）《工伤认定决定书》原件；

（二）有效的诊断证明、按照医疗机构病历管理有关规定复印或者复制的检查、检验报告等完整病历材料；

（三）工伤职工的居民身份证或者社会保障卡等其他有效身份证明原件。

第九条　劳动能力鉴定委员会收到劳动能力鉴定申请后，应当及时对申请人提交的材料进行审核；申请人提供材料不完整的，劳动能力鉴定委员会应当自收到劳动能力鉴定申请之日起 5 个工作日内一次性书面告知申请人需要补正的全部材料。

申请人提供材料完整的，劳动能力鉴定委员会应当及时组织鉴定，并在收到劳动能力鉴定申请之日起 60 日内作出劳动能力鉴定结论。伤情复杂、涉及医疗卫生专业较多的，作出劳动能力鉴定结论的期限可以延长 30 日。

第十条　劳动能力鉴定委员会应当视伤情程度等从医疗卫生专家库中随机抽取 3 名或者 5 名与工伤职工伤情相关科别的专家组成专家组进行鉴定。

第十一条　劳动能力鉴定委员会应当提前通知工伤职工进行鉴定的时间、地点以及应当携带的材料。工伤职工应当按照通知的时间、地点参加现场鉴定。对行动不便的工伤职工，劳动能力鉴定委员会可以组织专家上门进行劳动能力鉴定。组织劳动能力鉴定的工作人员应当对工伤职工的身份进行核实。

工伤职工因故不能按时参加鉴定的，经劳动能力鉴定委员会同意，可以调整现场鉴定的时间，作出劳动能力鉴定结论的期限相应顺延。

第十二条　因鉴定工作需要，专家组提出应当进行有关检查和诊断的，劳动能力鉴定委员会可以委托具备资格的医疗机构协助进行有关的检查和诊断。

第十三条　专家组根据工伤职工伤情，结合医疗诊断情况，依据《劳动能力鉴定　职工工伤与职业病致残等级》国家标准提出鉴定意见。参加鉴定的专家都应当签署意见并签名。

专家意见不一致时，按照少数服从多数的原则确定专家组的鉴定意见。

第十四条　劳动能力鉴定委员会根据专家组的鉴定意见作出劳动能力鉴定结论。劳动能力鉴定结论书应当载明下列事项：

（一）工伤职工及其用人单位的基本信息；

（二）伤情介绍，包括伤残部位、器官功能障碍程度、诊断情况等；

（三）作出鉴定的依据；

（四）鉴定结论。

第十五条　劳动能力鉴定委员会应当自作出鉴定结论之日起20日内将劳动能力鉴定结论及时送达工伤职工及其用人单位，并抄送社会保险经办机构。

第十六条　工伤职工或者其用人单位对初次鉴定结论不服的，可以在收到该鉴定结论之日起15日内向省、自治区、直辖市劳动能力鉴定委员会申请再次鉴定。

申请再次鉴定，应当提供劳动能力鉴定申请表，以及工伤职工的居民身份证或者社会保障卡等有效身份证明原件。

省、自治区、直辖市劳动能力鉴定委员会作出的劳动能力鉴定结论为最终结论。

第十七条 自劳动能力鉴定结论作出之日起 1 年后，工伤职工、用人单位或者社会保险经办机构认为伤残情况发生变化的，可以向设区的市级劳动能力鉴定委员会申请劳动能力复查鉴定。

对复查鉴定结论不服的，可以按照本办法第十六条规定申请再次鉴定。

第十八条 工伤职工本人因身体等原因无法提出劳动能力初次鉴定、复查鉴定、再次鉴定申请的，可由其近亲属代为提出。

第十九条 再次鉴定和复查鉴定的程序、期限等按照本办法第九条至第十五条的规定执行。

第三章　监督管理

第二十条 劳动能力鉴定委员会应当每 3 年对专家库进行一次调整和补充，实行动态管理。确有需要的，可以根据实际情况适时调整。

第二十一条 劳动能力鉴定委员会选聘医疗卫生专家，聘期一般为 3 年，可以连续聘任。

聘任的专家应当具备下列条件：

（一）具有医疗卫生高级专业技术职务任职资格；

（二）掌握劳动能力鉴定的相关知识；

（三）具有良好的职业品德。

第二十二条 参加劳动能力鉴定的专家应当按照规定的时间、地点进行现场鉴定，严格执行劳动能力鉴定政策和标准，客观、公正地提出鉴定意见。

第二十三条 用人单位、工伤职工或者其近亲属应当如实提供鉴定需要的材料，遵守劳动能力鉴定相关规定，按照要求配合劳动能力鉴定工作。

工伤职工有下列情形之一的，当次鉴定终止：

（一）无正当理由不参加现场鉴定的；

（二）拒不参加劳动能力鉴定委员会安排的检查和诊断的。

第二十四条 医疗机构及其医务人员应当如实出具与劳动能力鉴定有关的各项诊断证明和病历材料。

第二十五条 劳动能力鉴定委员会组成人员、劳动能力鉴定工作人员以及参加鉴定的专家与当事人有利害关系的，应当回避。

第二十六条 任何组织或者个人有权对劳动能力鉴定中的违法行为进行举报、投诉。

第四章 法 律 责 任

第二十七条 劳动能力鉴定委员会和承担劳动能力鉴定委员会日常工作的机构及其工作人员在从事或者组织劳动能力鉴定时，有下列行为之一的，由人力资源社会保障行政部门或者有关部门责令改正，对直接负责的主管人员和其他直接责任人员依法给予相应处分；构成犯罪的，依法追究刑事责任：

（一）未及时审核并书面告知申请人需要补正的全部材料的；

（二）未在规定期限内作出劳动能力鉴定结论的；

（三）未按照规定及时送达劳动能力鉴定结论的；

（四）未按照规定随机抽取相关科别专家进行鉴定的；

（五）擅自篡改劳动能力鉴定委员会作出的鉴定结论的；

（六）利用职务之便非法收受当事人财物的；

（七）有违反法律法规和本办法的其他行为的。

第二十八条 从事劳动能力鉴定的专家有下列行为之一的，劳动能力鉴定委员会应当予以解聘；情节严重的，由卫生计生行政部门依法处理：

（一）提供虚假鉴定意见的；

（二）利用职务之便非法收受当事人财物的；

（三）无正当理由不履行职责的；

（四）有违反法律法规和本办法的其他行为的。

第二十九条 参与工伤救治、检查、诊断等活动的医疗机构及其医务人员有下列情形之一的，由卫生计生行政部门依法处理：

（一）提供与病情不符的虚假诊断证明的；

（二）篡改、伪造、隐匿、销毁病历材料的；

（三）无正当理由不履行职责的。

第三十条 以欺诈、伪造证明材料或者其他手段骗取鉴定结论、领取工伤保险待遇的，按照《中华人民共和国社会保险法》第八十八条的规定，由人力资源社会保障行政部门责令退回骗取的社会保险金，处骗取金额 2 倍以上 5 倍以下的罚款。

第五章　附　　则

第三十一条 未参加工伤保险的公务员和参照公务员法管理的事业单位、社会团体工作人员因工（公）致残的劳动能力鉴定，参照本办法执行。

第三十二条　本办法中的劳动能力鉴定申请表、初次（复查）鉴定结论书、再次鉴定结论书、劳动能力鉴定材料收讫补正告知书等文书基本样式由人力资源社会保障部制定。

第三十三条　本办法自 2014 年 4 月 1 日起施行。

附件：1. 劳动能力鉴定申请表（略）

2. 初次（复查）鉴定结论书（略）

3. 再次鉴定结论书（略）

4. 劳动能力鉴定材料收讫补正告知书（略）

工伤认定办法

（2010 年 12 月 31 日人力资源和社会保障部令第 8 号公布　自 2011 年 1 月 1 日起施行）

第一条　为规范工伤认定程序，依法进行工伤认定，维护当事人的合法权益，根据《工伤保险条例》的有关规定，制定本办法。

第二条　社会保险行政部门进行工伤认定按照本办法执行。

第三条　工伤认定应当客观公正、简捷方便，认定程序应当向社会公开。

第四条　职工发生事故伤害或者按照职业病防治法规定被诊断、鉴定为职业病，所在单位应当自事故伤害发生之日或者被诊断、鉴定为职业病之日起 30 日内，向统筹地区社会保险行政部门提出工伤认定申请。遇有特殊情况，经报社会保险行政部门同意，申请时限可以适当延长。

按照前款规定应当向省级社会保险行政部门提出工伤认定申请

的，根据属地原则应当向用人单位所在地设区的市级社会保险行政部门提出。

第五条　用人单位未在规定的时限内提出工伤认定申请的，受伤害职工或者其近亲属、工会组织在事故伤害发生之日或者被诊断、鉴定为职业病之日起1年内，可以直接按照本办法第四条规定提出工伤认定申请。

第六条　提出工伤认定申请应当填写《工伤认定申请表》，并提交下列材料：

（一）劳动、聘用合同文本复印件或者与用人单位存在劳动关系（包括事实劳动关系）、人事关系的其他证明材料；

（二）医疗机构出具的受伤后诊断证明书或者职业病诊断证明书（或者职业病诊断鉴定书）。

第七条　工伤认定申请人提交的申请材料符合要求，属于社会保险行政部门管辖范围且在受理时限内的，社会保险行政部门应当受理。

第八条　社会保险行政部门收到工伤认定申请后，应当在15日内对申请人提交的材料进行审核，材料完整的，作出受理或者不予受理的决定；材料不完整的，应当以书面形式一次性告知申请人需要补正的全部材料。社会保险行政部门收到申请人提交的全部补正材料后，应当在15日内作出受理或者不予受理的决定。

社会保险行政部门决定受理的，应当出具《工伤认定申请受理决定书》；决定不予受理的，应当出具《工伤认定申请不予受理决定书》。

第九条　社会保险行政部门受理工伤认定申请后，可以根据需要对申请人提供的证据进行调查核实。

第十条　社会保险行政部门进行调查核实，应当由两名以上工作人员共同进行，并出示执行公务的证件。

第十一条　社会保险行政部门工作人员在工伤认定中，可以进行以下调查核实工作：

（一）根据工作需要，进入有关单位和事故现场；

（二）依法查阅与工伤认定有关的资料，询问有关人员并作出调查笔录；

（三）记录、录音、录像和复制与工伤认定有关的资料。调查核实工作的证据收集参照行政诉讼证据收集的有关规定执行。

第十二条　社会保险行政部门工作人员进行调查核实时，有关单位和个人应当予以协助。用人单位、工会组织、医疗机构以及有关部门应当负责安排相关人员配合工作，据实提供情况和证明材料。

第十三条　社会保险行政部门在进行工伤认定时，对申请人提供的符合国家有关规定的职业病诊断证明书或者职业病诊断鉴定书，不再进行调查核实。职业病诊断证明书或者职业病诊断鉴定书不符合国家规定的要求和格式的，社会保险行政部门可以要求出具证据部门重新提供。

第十四条　社会保险行政部门受理工伤认定申请后，可以根据工作需要，委托其他统筹地区的社会保险行政部门或者相关部门进行调查核实。

第十五条　社会保险行政部门工作人员进行调查核实时，应当履行下列义务：

（一）保守有关单位商业秘密以及个人隐私；

（二）为提供情况的有关人员保密。

第十六条　社会保险行政部门工作人员与工伤认定申请人有利害关系的，应当回避。

第十七条 职工或者其近亲属认为是工伤，用人单位不认为是工伤的，由该用人单位承担举证责任。用人单位拒不举证的，社会保险行政部门可以根据受伤害职工提供的证据或者调查取得的证据，依法作出工伤认定决定。

第十八条 社会保险行政部门应当自受理工伤认定申请之日起60日内作出工伤认定决定，出具《认定工伤决定书》或者《不予认定工伤决定书》。

第十九条 《认定工伤决定书》应当载明下列事项：

（一）用人单位全称；

（二）职工的姓名、性别、年龄、职业、身份证号码；

（三）受伤害部位、事故时间和诊断时间或职业病名称、受伤害经过和核实情况、医疗救治的基本情况和诊断结论；

（四）认定工伤或者视同工伤的依据；

（五）不服认定决定申请行政复议或者提起行政诉讼的部门和时限；

（六）作出认定工伤或者视同工伤决定的时间。

《不予认定工伤决定书》应当载明下列事项：

（一）用人单位全称；

（二）职工的姓名、性别、年龄、职业、身份证号码；

（三）不予认定工伤或者不视同工伤的依据；

（四）不服认定决定申请行政复议或者提起行政诉讼的部门和时限；

（五）作出不予认定工伤或者不视同工伤决定的时间。

《认定工伤决定书》和《不予认定工伤决定书》应当加盖社会保险行政部门工伤认定专用印章。

第二十条　社会保险行政部门受理工伤认定申请后，作出工伤认定决定需要以司法机关或者有关行政主管部门的结论为依据的，在司法机关或者有关行政主管部门尚未作出结论期间，作出工伤认定决定的时限中止，并书面通知申请人。

第二十一条　社会保险行政部门对于事实清楚、权利义务明确的工伤认定申请，应当自受理工伤认定申请之日起 15 日内作出工伤认定决定。

第二十二条　社会保险行政部门应当自工伤认定决定作出之日起 20 日内，将《认定工伤决定书》或者《不予认定工伤决定书》送达受伤害职工（或者其近亲属）和用人单位，并抄送社会保险经办机构。

《认定工伤决定书》和《不予认定工伤决定书》的送达参照民事法律有关送达的规定执行。

第二十三条　职工或者其近亲属、用人单位对不予受理决定不服或者对工伤认定决定不服的，可以依法申请行政复议或者提起行政诉讼。

第二十四条　工伤认定结束后，社会保险行政部门应当将工伤认定的有关资料保存 50 年。

第二十五条　用人单位拒不协助社会保险行政部门对事故伤害进行调查核实的，由社会保险行政部门责令改正，处 2000 元以上 2 万元以下的罚款。

第二十六条　本办法中的《工伤认定申请表》、《工伤认定申请受理决定书》、《工伤认定申请不予受理决定书》、《认定工伤决定书》、《不予认定工伤决定书》的样式由国务院社会保险行政部门统一制定。

第二十七条　本办法自 2011 年 1 月 1 日起施行。劳动和社会保障部 2003 年 9 月 23 日颁布的《工伤认定办法》同时废止。

非法用工单位伤亡人员一次性赔偿办法

（2010 年 12 月 31 日人力资源和社会保障部令第 9 号公布　自 2011 年 1 月 1 日起施行）

第一条　根据《工伤保险条例》第六十六条第一款的授权，制定本办法。

第二条　本办法所称非法用工单位伤亡人员，是指无营业执照或者未经依法登记、备案的单位以及被依法吊销营业执照或者撤销登记、备案的单位受到事故伤害或者患职业病的职工，或者用人单位使用童工造成的伤残、死亡童工。

前款所列单位必须按照本办法的规定向伤残职工或者死亡职工的近亲属、伤残童工或者死亡童工的近亲属给予一次性赔偿。

第三条　一次性赔偿包括受到事故伤害或者患职业病的职工或童工在治疗期间的费用和一次性赔偿金。一次性赔偿金数额应当在受到事故伤害或者患职业病的职工或童工死亡或者经劳动能力鉴定后确定。

劳动能力鉴定按照属地原则由单位所在地设区的市级劳动能力鉴定委员会办理。劳动能力鉴定费用由伤亡职工或童工所在单位支付。

第四条　职工或童工受到事故伤害或者患职业病，在劳动能力鉴定之前进行治疗期间的生活费按照统筹地区上年度职工月平均工资标准确定，医疗费、护理费、住院期间的伙食补助费以及所需的交通费等费用按照《工伤保险条例》规定的标准和范围确定，并全部由伤残职工或童工所在单位支付。

第五条　一次性赔偿金按照以下标准支付：

一级伤残的为赔偿基数的 16 倍，二级伤残的为赔偿基数的 14 倍，三级伤残的为赔偿基数的 12 倍，四级伤残的为赔偿基数的 10 倍，五级伤残的为赔偿基数的 8 倍，六级伤残的为赔偿基数的 6 倍，七级伤残的为赔偿基数的 4 倍，八级伤残的为赔偿基数的 3 倍，九级伤残的为赔偿基数的 2 倍，十级伤残的为赔偿基数的 1 倍。

前款所称赔偿基数，是指单位所在工伤保险统筹地区上年度职工年平均工资。

第六条 受到事故伤害或者患职业病造成死亡的，按照上一年度全国城镇居民人均可支配收入的 20 倍支付一次性赔偿金，并按照上一年度全国城镇居民人均可支配收入的 10 倍一次性支付丧葬补助等其他赔偿金。

第七条 单位拒不支付一次性赔偿的，伤残职工或者死亡职工的近亲属、伤残童工或者死亡童工的近亲属可以向人力资源和社会保障行政部门举报。经查证属实的，人力资源和社会保障行政部门应当责令该单位限期改正。

第八条 伤残职工或者死亡职工的近亲属、伤残童工或者死亡童工的近亲属就赔偿数额与单位发生争议的，按照劳动争议处理的有关规定处理。

第九条 本办法自 2011 年 1 月 1 日起施行。劳动和社会保障部 2003 年 9 月 23 日颁布的《非法用工单位伤亡人员一次性赔偿办法》同时废止。

因工死亡职工供养亲属范围规定

（2003 年 9 月 23 日劳动和社会保障部令第 18 号公布
自 2004 年 1 月 1 日起施行）

第一条 为明确因工死亡职工供养亲属范围，根据《工伤保险条例》第三十七条第一款第二项的授权，制定本规定。

第二条 本规定所称因工死亡职工供养亲属，是指该职工的配偶、子女、父母、祖父母、外祖父母、孙子女、外孙子女、兄弟姐妹。

本规定所称子女，包括婚生子女、非婚生子女、养子女和有抚养关系的继子女，其中，婚生子女、非婚生子女包括遗腹子女；

本规定所称父母，包括生父母、养父母和有抚养关系的继父母；

本规定所称兄弟姐妹，包括同父母的兄弟姐妹、同父异母或者同母异父的兄弟姐妹、养兄弟姐妹、有抚养关系的继兄弟姐妹。

第三条 上条规定的人员，依靠因工死亡职工生前提供主要生活来源，并有下列情形之一的，可按规定申请供养亲属抚恤金：

（一）完全丧失劳动能力的；

（二）工亡职工配偶男年满 60 周岁、女年满 55 周岁的；

（三）工亡职工父母男年满 60 周岁、女年满 55 周岁的；

（四）工亡职工子女未满 18 周岁的；

（五）工亡职工父母均已死亡，其祖父、外祖父年满 60 周岁，祖母、外祖母年满 55 周岁的；

（六）工亡职工子女已经死亡或完全丧失劳动能力，其孙子女、外孙子女未满 18 周岁的；

（七）工亡职工父母均已死亡或完全丧失劳动能力，其兄弟姐妹未满 18 周岁的。

第四条 领取抚恤金人员有下列情形之一的，停止享受抚恤金待遇：

（一）年满 18 周岁且未完全丧失劳动能力的；

（二）就业或参军的；

（三）工亡职工配偶再婚的；

（四）被他人或组织收养的；

（五）死亡的。

第五条 领取抚恤金的人员，在被判刑收监执行期间，停止享受抚恤金待遇。刑满释放仍符合领取抚恤金资格的，按规定的标准享受抚恤金。

第六条 因工死亡职工供养亲属享受抚恤金待遇的资格，由统筹地区社会保险经办机构核定。

因工死亡职工供养亲属的劳动能力鉴定，由因工死亡职工生前单位所在地设区的市级劳动能力鉴定委员会负责。

第七条 本办法自 2004 年 1 月 1 日起施行。

最高人民法院关于审理工伤保险
行政案件若干问题的规定

（2014 年 4 月 21 日最高人民法院审判委员会第 1613 次会议通过　2014 年 6 月 18 日最高人民法院公告公布　自 2014 年 9 月 1 日起施行　法释〔2014〕9 号）

为正确审理工伤保险行政案件，根据《中华人民共和国社会保险法》《中华人民共和国劳动法》《中华人民共和国行政诉讼法》《工伤保险条例》及其他有关法律、行政法规规定，结合行政审判实际，制定本规定。

第一条　人民法院审理工伤认定行政案件，在认定是否存在《工伤保险条例》第十四条第（六）项"本人主要责任"、第十六条第（二）项"醉酒或者吸毒"和第十六条第（三）项"自残或者自杀"等情形时，应当以有权机构出具的事故责任认定书、结论性意见和人民法院生效裁判等法律文书为依据，但有相反证据足以推翻事故责任认定书和结论性意见的除外。

前述法律文书不存在或者内容不明确，社会保险行政部门就前款事实作出认定的，人民法院应当结合其提供的相关证据依法进行审查。

《工伤保险条例》第十六条第（一）项"故意犯罪"的认定，应当以刑事侦查机关、检察机关和审判机关的生效法律文书或者结论性意见为依据。

第二条　人民法院受理工伤认定行政案件后，发现原告或者第三人在提起行政诉讼前已经就是否存在劳动关系申请劳动仲裁或者提起民事诉讼的，应当中止行政案件的审理。

第三条　社会保险行政部门认定下列单位为承担工伤保险责任单位的，人民法院应予支持：

（一）职工与两个或两个以上单位建立劳动关系，工伤事故发生时，职工为之工作的单位为承担工伤保险责任的单位；

（二）劳务派遣单位派遣的职工在用工单位工作期间因工伤亡的，派遣单位为承担工伤保险责任的单位；

（三）单位指派到其他单位工作的职工因工伤亡的，指派单位为承担工伤保险责任的单位；

（四）用工单位违反法律、法规规定将承包业务转包给不具备用工主体资格的组织或者自然人，该组织或者自然人聘用的职工从事承包业务时因工伤亡的，用工单位为承担工伤保险责任的单位；

（五）个人挂靠其他单位对外经营，其聘用的人员因工伤亡的，被挂靠单位为承担工伤保险责任的单位。

前款第（四）、（五）项明确的承担工伤保险责任的单位承担赔偿责任或者社会保险经办机构从工伤保险基金支付工伤保险待遇后，有权向相关组织、单位和个人追偿。

第四条　社会保险行政部门认定下列情形为工伤的，人民法院应予支持：

（一）职工在工作时间和工作场所内受到伤害，用人单位或者社会保险行政部门没有证据证明是非工作原因导致的；

（二）职工参加用人单位组织或者受用人单位指派参加其他单位组织的活动受到伤害的；

（三）在工作时间内，职工来往于多个与其工作职责相关的工作场所之间的合理区域因工受到伤害的；

（四）其他与履行工作职责相关，在工作时间及合理区域内受到伤害的。

第五条 社会保险行政部门认定下列情形为"因工外出期间"的，人民法院应予支持：

（一）职工受用人单位指派或者因工作需要在工作场所以外从事与工作职责有关的活动期间；

（二）职工受用人单位指派外出学习或者开会期间；

（三）职工因工作需要的其他外出活动期间。

职工因工外出期间从事与工作或者受用人单位指派外出学习、开会无关的个人活动受到伤害，社会保险行政部门不认定为工伤的，人民法院应予支持。

第六条 对社会保险行政部门认定下列情形为"上下班途中"的，人民法院应予支持：

（一）在合理时间内往返于工作地与住所地、经常居住地、单位宿舍的合理路线的上下班途中；

（二）在合理时间内往返于工作地与配偶、父母、子女居住地的合理路线的上下班途中；

（三）从事属于日常工作生活所需要的活动，且在合理时间和合理路线的上下班途中；

（四）在合理时间内其他合理路线的上下班途中。

第七条 由于不属于职工或者其近亲属自身原因超过工伤认定申请期限的，被耽误的时间不计算在工伤认定申请期限内。

有下列情形之一耽误申请时间的，应当认定为不属于职工或者其近亲属自身原因：

（一）不可抗力；

（二）人身自由受到限制；

（三）属于用人单位原因；

（四）社会保险行政部门登记制度不完善；

（五）当事人对是否存在劳动关系申请仲裁、提起民事诉讼。

第八条　职工因第三人的原因受到伤害，社会保险行政部门以职工或者其近亲属已经对第三人提起民事诉讼或者获得民事赔偿为由，作出不予受理工伤认定申请或者不予认定工伤决定的，人民法院不予支持。

职工因第三人的原因受到伤害，社会保险行政部门已经作出工伤认定，职工或者其近亲属未对第三人提起民事诉讼或者尚未获得民事赔偿，起诉要求社会保险经办机构支付工伤保险待遇的，人民法院应予支持。

职工因第三人的原因导致工伤，社会保险经办机构以职工或者其近亲属已经对第三人提起民事诉讼为由，拒绝支付工伤保险待遇的，人民法院不予支持，但第三人已经支付的医疗费用除外。

第九条　因工伤认定申请人或者用人单位隐瞒有关情况或者提供虚假材料，导致工伤认定错误的，社会保险行政部门可以在诉讼中依法予以更正。

工伤认定依法更正后，原告不申请撤诉，社会保险行政部门在作出原工伤认定时有过错的，人民法院应当判决确认违法；社会保险行政部门无过错的，人民法院可以驳回原告诉讼请求。

第十条　最高人民法院以前颁布的司法解释与本规定不一致的，以本规定为准。

人力资源社会保障部关于执行
《工伤保险条例》若干问题的意见（二）

(2016 年 3 月 28 日　人社部发〔2016〕29 号)

各省、自治区、直辖市及新疆生产建设兵团人力资源社会保障厅（局）：

　　为更好地贯彻执行新修订的《工伤保险条例》，提高依法行政能力和水平，妥善解决实际工作中的问题，保障职工和用人单位合法权益，现提出如下意见：

　　一、一级至四级工伤职工死亡，其近亲属同时符合领取工伤保险丧葬补助金、供养亲属抚恤金待遇和职工基本养老保险丧葬补助金、抚恤金待遇条件的，由其近亲属选择领取工伤保险或职工基本养老保险其中一种。

　　二、达到或超过法定退休年龄，但未办理退休手续或者未依法享受城镇职工基本养老保险待遇，继续在原用人单位工作期间受到事故伤害或患职业病的，用人单位依法承担工伤保险责任。

　　用人单位招用已经达到、超过法定退休年龄或已经领取城镇职工基本养老保险待遇的人员，在用工期间因工作原因受到事故伤害或患职业病的，如招用单位已按项目参保等方式为其缴纳工伤保险费的，应适用《工伤保险条例》。

　　三、《工伤保险条例》第六十二条规定的"新发生的费用"，是指用人单位参加工伤保险前发生工伤的职工，在参加工伤保险后新发生的费用。其中由工伤保险基金支付的费用，按不同情况予以处理：

154

（一）因工受伤的，支付参保后新发生的工伤医疗费、工伤康复费、住院伙食补助费、统筹地区以外就医交通食宿费、辅助器具配置费、生活护理费、一级至四级伤残职工伤残津贴，以及参保后解除劳动合同时的一次性工伤医疗补助金；

（二）因工死亡的，支付参保后新发生的符合条件的供养亲属抚恤金。

四、职工在参加用人单位组织或者受用人单位指派参加其他单位组织的活动中受到事故伤害的，应当视为工作原因，但参加与工作无关的活动除外。

五、职工因工作原因驻外，有固定的住所、有明确的作息时间，工伤认定时按照在驻在地当地正常工作的情形处理。

六、职工以上下班为目的、在合理时间内往返于工作单位和居住地之间的合理路线，视为上下班途中。

七、用人单位注册地与生产经营地不在同一统筹地区的，原则上应在注册地为职工参加工伤保险；未在注册地参加工伤保险的职工，可由用人单位在生产经营地为其参加工伤保险。

劳务派遣单位跨地区派遣劳动者，应根据《劳务派遣暂行规定》参加工伤保险。建筑施工企业按项目参保的，应在施工项目所在地参加工伤保险。

职工受到事故伤害或者患职业病后，在参保地进行工伤认定、劳动能力鉴定，并按照参保地的规定依法享受工伤保险待遇；未参加工伤保险的职工，应当在生产经营地进行工伤认定、劳动能力鉴定，并按照生产经营地的规定依法由用人单位支付工伤保险待遇。

八、有下列情形之一的，被延误的时间不计算在工伤认定申请时限内。

（一）受不可抗力影响的；

（二）职工由于被国家机关依法采取强制措施等人身自由受到限制不能申请工伤认定的；

（三）申请人正式提交了工伤认定申请，但因社会保险机构未登记或者材料遗失等原因造成申请超时限的；

（四）当事人就确认劳动关系申请劳动仲裁或提起民事诉讼的；

（五）其他符合法律法规规定的情形。

九、《工伤保险条例》第六十七条规定的"尚未完成工伤认定的"，是指在《工伤保险条例》施行前遭受事故伤害或被诊断鉴定为职业病，且在工伤认定申请法定时限内（从《工伤保险条例》施行之日起算）提出工伤认定申请，尚未做出工伤认定的情形。

十、因工伤认定申请人或者用人单位隐瞒有关情况或者提供虚假材料，导致工伤认定决定错误的，社会保险行政部门发现后，应当及时予以更正。

本意见自发文之日起执行，此前有关规定与本意见不一致的，按本意见执行。执行中有重大问题，请及时报告我部。

人力资源社会保障部关于执行
《工伤保险条例》若干问题的意见

（2013 年 4 月 25 日　人社部发〔2013〕34 号）

各省、自治区、直辖市及新疆生产建设兵团人力资源社会保障厅（局）：

《国务院关于修改〈工伤保险条例〉的决定》（国务院令第586

号）已经于 2011 年 1 月 1 日实施。为贯彻执行新修订的《工伤保险条例》，妥善解决实际工作中的问题，更好地保障职工和用人单位的合法权益，现提出如下意见。

一、《工伤保险条例》（以下简称《条例》）第十四条第（五）项规定的"因工外出期间"的认定，应当考虑职工外出是否属于用人单位指派的因工作外出，遭受的事故伤害是否因工作原因所致。

二、《条例》第十四条第（六）项规定的"非本人主要责任"的认定，应当以有关机关出具的法律文书或者人民法院的生效裁决为依据。

三、《条例》第十六条第（一）项"故意犯罪"的认定，应当以司法机关的生效法律文书或者结论性意见为依据。

四、《条例》第十六条第（二）项"醉酒或者吸毒"的认定，应当以有关机关出具的法律文书或者人民法院的生效裁决为依据。无法获得上述证据的，可以结合相关证据认定。

五、社会保险行政部门受理工伤认定申请后，发现劳动关系存在争议且无法确认的，应告知当事人可以向劳动人事争议仲裁委员会申请仲裁。在此期间，作出工伤认定决定的时限中止，并书面通知申请工伤认定的当事人。劳动关系依法确认后，当事人应将有关法律文书送交受理工伤认定申请的社会保险行政部门，该部门自收到生效法律文书之日起恢复工伤认定程序。

六、符合《条例》第十五条第（一）项情形的，职工所在用人单位原则上应自职工死亡之日起 5 个工作日内向用人单位所在统筹地区社会保险行政部门报告。

七、具备用工主体资格的承包单位违反法律、法规规定，将承包业务转包、分包给不具备用工主体资格的组织或者自然人，该组织或者自然人招用的劳动者从事承包业务时因工伤亡的，由该具备用工主体资格的承包单位承担用人单位依法应承担的工伤保险责任。

八、曾经从事接触职业病危害作业、当时没有发现罹患职业病、离开工作岗位后被诊断或鉴定为职业病的符合下列条件的人员，可以自诊断、鉴定为职业病之日起一年内申请工伤认定，社会保险行政部门应当受理：

（一）办理退休手续后，未再从事接触职业病危害作业的退休人员；

（二）劳动或聘用合同期满后或者本人提出而解除劳动或聘用合同后，未再从事接触职业病危害作业的人员。

经工伤认定和劳动能力鉴定，前款第（一）项人员符合领取一次性伤残补助金条件的，按就高原则以本人退休前12个月平均月缴费工资或者确诊职业病前12个月的月平均养老金为基数计发。前款第（二）项人员被鉴定为一级至十级伤残、按《条例》规定应以本人工资作为基数享受相关待遇的，按本人终止或者解除劳动、聘用合同前12个月平均月缴费工资计发。

九、按照本意见第八条规定被认定为工伤的职业病人员，职业病诊断证明书（或职业病诊断鉴定书）中明确的用人单位，在该职工从业期间依法为其缴纳工伤保险费的，按《条例》的规定，分别由工伤保险基金和用人单位支付工伤保险待遇；未依法为该职工缴纳工伤保险费的，由用人单位按照《条例》规定的相关项目和标准支付待遇。

十、职工在同一用人单位连续工作期间多次发生工伤的，符合《条例》第三十六、第三十七条规定领取相关待遇时，按照其在同一用人单位发生工伤的最高伤残级别，计发一次性伤残就业补助金和一次性工伤医疗补助金。

十一、依据《条例》第四十二条的规定停止支付工伤保险待遇的，在停止支付待遇的情形消失后，自下月起恢复工伤保险待遇，停止支付的工伤保险待遇不予补发。

十二、《条例》第六十二条第三款规定的"新发生的费用"，是指用人单位职工参加工伤保险前发生工伤的，在参加工伤保险后新发生的费用。

十三、由工伤保险基金支付的各项待遇应按《条例》相关规定支付，不得采取将长期待遇改为一次性支付的办法。

十四、核定工伤职工工伤保险待遇时，若上一年度相关数据尚未公布，可暂按前一年度的全国城镇居民人均可支配收入、统筹地区职工月平均工资核定和计发，待相关数据公布后再重新核定，社会保险经办机构或者用人单位予以补发差额部分。

本意见自发文之日起执行，此前有关规定与本意见不一致的，按本意见执行。执行中有重大问题，请及时报告我部。

劳动和社会保障部关于实施
《工伤保险条例》若干问题的意见

(2004 年 11 月 1 日　劳社部函〔2004〕256 号)

各省、自治区、直辖市劳动和社会保障厅（局）：

《工伤保险条例》（以下简称条例）已于二〇〇四年一月一日起施行，现就条例实施中的有关问题提出如下意见。

一、职工在两个或两个以上用人单位同时就业的，各用人单位应当分别为职工缴纳工伤保险费。职工发生工伤，由职工受到伤害时其工作的单位依法承担工伤保险责任。

二、条例第十四条规定"上下班途中，受到机动车事故伤害的，应当认定为工伤"。这里"上下班途中"既包括职工正常工作的上下班途中，也包括职工加班加点的上下班途中。"受到机动车事故伤害的"既可以是职工驾驶或乘坐的机动车发生事故造成的，也可以是职工因其他机动车事故造成的。

三、条例第十五条规定"职工在工作时间和工作岗位，突发疾病死亡或者在48小时之内经抢救无效死亡的，视同工伤"。这里"突发疾病"包括各类疾病。"48小时"的起算时间，以医疗机构的初次诊断时间作为突发疾病的起算时间。

四、条例第十七条第二款规定的有权申请工伤认定的"工会组织"包括职工所在用人单位的工会组织以及符合《中华人民共和国工会法》规定的各级工会组织。

五、用人单位未按规定为职工提出工伤认定申请，受到事故伤害或者患职业病的职工或者其直系亲属、工会组织提出工伤认定申请，职工所在单位是否同意（签字、盖章），不是必经程序。

六、条例第十七条第四款规定"用人单位未在本条第一款规定的时限内提交工伤认定申请的，在此期间发生符合本条例规定的工伤待遇等有关费用由该用人单位负担"。这里用人单位承担工伤待遇等有关费用的期间是指从事故伤害发生之日或职业病确诊之日起到劳动保障行政部门受理工伤认定申请之日止。

七、条例第三十六条规定的工伤职工旧伤复发，是否需要治疗应由治疗工伤职工的协议医疗机构提出意见，有争议的由劳动能力鉴定委员会确认。

八、职工因工死亡，其供养亲属享受抚恤金待遇的资格，按职工因工死亡时的条件核定。

附录二

工伤认定申请表

编号：

申请人：

受伤害职工：

申请人与受伤害职工关系：

填表日期：　　年　　月　　日

职工姓名		性别		出生日期		年月日
身份证号码				联系电话		
家庭地址				邮政编码		
工作单位				联系电话		
单位地址				邮政编码		
职业、工种或工作岗位				参加工作时间		
事故时间、地点及主要原因				诊断时间		
受伤害部位				职业病名称		
接触职业病危害岗位				接触职业病危害时间		

受伤害经过简述（可附页）	
申请事项：	申请人签字： 年　　月　　日
用人单位意见：	经办人签字 （公章） 年　　月　　日
社会保险行政部门审查资料和受理意见	经办人签字： 年　　月　　日
	负责人签字： （公章） 年　　月　　日
备注：	

填表说明：

1. 用钢笔或签字笔填写，字体工整清楚。

2. 申请人为用人单位的，在首页申请人处加盖单位公章。

3. 受伤害部位一栏填写受伤害的具体部位。

4. 诊断时间一栏，职业病者，按职业病确诊时间填写；受伤或死亡的，按初诊时间填写。

5. 受伤害经过简述，应写明事故发生的时间、地点，当时所从事的工作，受伤害的原因以及伤害部位和程度。职业病患者应写明在何单位从事何种有害作业，起止时间，确诊结果。

6. 申请人提出工伤认定申请时，应当提交受伤害职工的居民身份证；医疗机构出具的职工受伤害时初诊诊断证明书，或者依法承担职业病诊断的医疗机构出具的职业病诊断证明书（或者职业病诊断鉴定书）；职工受伤害或者诊断患职业病时与用人单位之间的劳动、聘用合同或者其他存在劳动、人事关系的证明。

有下列情形之一的，还应当分别提交相应证据：

（一）职工死亡的，提交死亡证明；

（二）在工作时间和工作场所内，因履行工作职责受到暴力等意外伤害的，提交公安部门的证明或者其他相关证明；

（三）因工外出期间，由于工作原因受到伤害或者发生事故下落不明的，提交公安部门的证明或者相关部门的证明；

（四）上下班途中，受到非本人主要责任的交通事故或者城市轨道交通、客运轮渡、火车事故伤害的，提交公安机关交通管理部门或者其他相关部门的证明；

（五）在工作时间和工作岗位，突发疾病死亡或者在48小时之内经抢救无效死亡的，提交医疗机构的抢救证明；

（六）在抢险救灾等维护国家利益、公共利益活动中受到伤害的，提交民政部门或者其他相关部门的证明；

（七）属于因战、因公负伤致残的转业、复员军人，旧伤复发的，提交《革命伤残军人证》及劳动能力鉴定机构对旧伤复发的确认。

7. 申请事项栏，应写明受伤害职工或者其近亲属、工会组织提出工伤认定申请并签字。

8. 用人单位意见栏，应签署是否同意申请工伤，所填情况是否属实，经办人签字并加盖单位公章。

9. 社会保险行政部门审查资料和受理意见栏，应填写补正材料或是否受理的意见。

10. 此表一式二份，社会保险行政部门、申请人各留存一份。

工伤认定申请受理决定书

_____：

    你（单位）于_____年___月___日提交_____的工伤认定申请收悉。经审查，符合工伤认定受理的条件，现予受理。

（盖章）

年　月　日

    注：本决定书一式三份，社会保险行政部门、职工或者其近亲属、用人单位各留存一份。

工伤认定申请不予受理决定书

_____:

你（单位）于_____年___月___日提交_____的工伤认定申请收悉。

经审查：_____

_____

_____

不符合《工伤保险条例》第_____条_____规定的受理条件，现决定不予受理。

如对本决定不服，可在接到决定书之日起 60 日内向_____申请行政复议，或者向人民法院提起行政诉讼。

（盖章）

年　月　日

注：本决定书一式三份，社会保险行政部门、职工或者其近亲属、用人单位各留存一份。

认定工伤决定书

申请人：

职工姓名：　　　　性别：　　　　年龄：

身份证号码：

用人单位：

职业/工种/工作岗位：

事故时间：　　年　　月　　日

事故地点：

诊断时间：　　年　　月　　日

受伤害部位/职业病名称：

受伤害经过、医疗救治的基本情况和诊断结论：

　　　　　　年　　月　　日受理　　　　　的工伤认定申请后，根据提交的材料调查核实情况如下：

　　同志受到的事故伤害（或患职业病），符合《工伤保险条例》第　　　　条第　　　　款第　　　　项之规定，属于工伤认定范围，现予以认定（或视同）为工伤。

　　如对本工伤认定决定不服的，可自接到本决定书之日起 60 日内向　　申请行政复议，或者向人民法院提起行政诉讼。

（工伤认定专用章）

年　　月　　日

　　注：本决定书一式四份，社会保险行政部门、职工或者其近亲属、用人单位、社会保险经办机构各留存一份。

不予认定工伤决定书

申请人：

职工姓名：　　　性别：　　　年龄：

身份证号码：

用人单位：

职业/工种/工作岗位：

_____年____月____日受理_____的工伤认定申请后，根据提交的材料调查核实情况如下：

同志受到的伤害，不符合《工伤保险条例》第十四条、第十五条认定工伤或者视同工伤的情形；或者根据《工伤保险条例》第十六条第_____项之规定，属于不得认定或者视同工伤的情形。现决定不予认定或者视同工伤。

如对本工伤认定结论不服的，可自接到本决定书之日起60日内向_____申请行政复议，或者向人民法院提起行政诉讼。

（工伤认定专用章）

　　年　　月　　日

注：本决定书一式三份，社会保险行政部门、职工或者其近亲属、用人单位各留存一份。

劳动能力鉴定、确认申请表（参考文本）

市（区县）　　　（　年）劳鉴第　号

姓　名		性别		公民身份号码		相片
单位 名称				联系电话		
申请鉴 定原因						

<table>
<tr><td>姓　名</td><td></td><td>性别</td><td></td><td>公民身份号码</td><td></td><td rowspan="2">相片</td></tr>
<tr><td>单位
名称</td><td colspan="3"></td><td>联系电话</td><td></td></tr>
<tr><td>申请鉴
定原因</td><td colspan="6">1. 工伤评残；2. 工伤直接导致其他疾病确认；3. 延长停工留薪期确认；4. 配置辅助器具确认；5. 更换辅助器具确认；6. 因病提前退休劳动能力鉴定。7. 医疗期满；8. 再次鉴定；9. 复查鉴定。</td></tr>
<tr><td>认定编号</td><td colspan="2"></td><td>工伤证号</td><td colspan="3"></td></tr>
<tr><td>工伤认定结论</td><td colspan="6"></td></tr>
<tr><td>伤病发生时间</td><td colspan="2"></td><td>诊治医疗机构</td><td colspan="3"></td></tr>
<tr><td>医疗机构
伤病诊断结论</td><td colspan="6"></td></tr>
<tr><td colspan="7">伤病诊治过程简述（可附页）：

</td></tr>
<tr><td>提供资
料情况</td><td colspan="6">1. 定点医疗机构出具的诊断证明　　张；2. 工伤医疗服务机构出具的休假证明　　张；3. 工伤医疗服务机构安装辅助器具建议　　份；4. 门诊（住院）病历　　页；5. 检查、化验单　　张；6. 其他材料　　页。</td></tr>
<tr><td>职工本
人意见</td><td colspan="6">

　　　　　　　　　　　　　　　签字
　　　　　　　　　　　　　　　年　月　日</td></tr>
</table>

用人单位意见		盖　章 年　月　日
备注		

填表说明：

一、工伤认定结论一栏，按《工伤认定结论通知书》填写。

二、申请鉴定原因一栏，根据申请鉴定内容在1-9中的方框内打"√"。申请"2. 工伤直接导致其他疾病确认"时，应当在申请"1. 工伤评残"时一并提出其确认申请，并将具体申请内容填写在职工本人意见一栏或用人单位意见一栏中。

三、诊治医院一栏，申请工伤鉴定、确认时填写职工本人的工伤定点医疗服务机构，申请其他鉴定时填写职工本人的基本医疗保险定点医院。

四、伤病治疗过程简述一栏，应写明伤病治疗过程，伤病检查、化验、休假等情况和医疗机构诊断结果。

五、提供资料情况一栏，"2. 工伤医疗服务机构出具的休假证明"一项，由提出申请延长停工留薪期确认者提供并填写；"3. 工伤医疗服务机构安装辅助器具建议"一项，由提出申请配置辅助器具确认者提供并填写。

六、职工本人意见一栏，如职工本人不能填写由亲属代写时，应写明与伤病者的关系。

七、本申请表一式一份，由劳动鉴定机构存档。

图书在版编目（CIP）数据

工伤保险条例：案例注释版／中国法制出版社编
. —北京：中国法制出版社，2024.1
　（法律法规案例注释版系列；28）
　ISBN 978-7-5216-4044-1

Ⅰ. ①工… Ⅱ. ①中… Ⅲ. ①工伤保险-条例-案例
-中国 Ⅳ. ①D922.555

中国国家版本馆 CIP 数据核字（2023）第 242531 号

责任编辑：谢雯　　　　　　　　　　　　　　　封面设计：杨泽江

工伤保险条例：案例注释版
GONGSHANG BAOXIAN TIAOLI：ANLI ZHUSHIBAN

经销/新华书店
印刷/河北华商印刷有限公司
开本/880 毫米×1230 毫米　32 开　　　　　　印张/ 5.75　字数/ 125 千
版次/2024 年 1 月第 1 版　　　　　　　　　　2024 年 1 月第 1 次印刷

中国法制出版社出版
书号 ISBN 978-7-5216-4044-1　　　　　　　　　　　　　　定价：25.00 元

北京市西城区西便门西里甲 16 号西便门办公区
邮政编码：100053　　　　　　　　　　　　　　传真：010-63141600
网址：http：//www.zgfzs.com　　　　　　　编辑部电话：010-63141784
市场营销部电话：010-63141612　　　　　　印务部电话：010-63141606

（如有印装质量问题，请与本社印务部联系。）